CEO라는 직업

CEO라는 직업

초판 1쇄 인쇄 2023년 7월 17일
초판 1쇄 발행 2023년 7월 26일

지은이 남궁훈
펴낸이 이승현

출판2 본부장 박태근
MD독자 팀장 최연진
디자인 조은덕

펴낸곳 ㈜위즈덤하우스   **출판등록** 2000년 5월 23일 제13-1071호
주소 서울특별시 마포구 양화로 19 합정오피스빌딩 17층
전화 02) 2179-5600   **홈페이지** www.wisdomhouse.co.kr

ⓒ 남궁훈, 2023

ISBN 979-11-6812-676-3 03320

내 일과 삶을 경영하는 직장생활 공략집

CEO라는 직업

남궁훈 지음

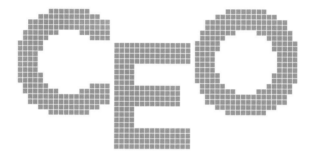

위즈덤하우스

내 일의 리더이자
내일의 리더를 꿈꾸는
모든 동료를 위한 이야기

내가 글을 쓰기 시작한 것은 10여 년 전 모 대기업의 CEO가 되면서부터였다. 아무래도 큰 조직의 관리자가 되고 보니 시간이 부족해 직원들과 소통하는 데 한계를 느껴 효율적인 소통의 방법으로 글쓰기를 시작했다.

처음에는 대표이사로서보다 선배로서 같이 맥주 한 잔하면서 나눌 수 있는 이야기를 주로 다루었다. 사회 초년생이 겪게 되는 커뮤니케이션 문제라든지 인사평가에 관한 문제가 주요 소재였다. 이후에도 가급적이면 선배로서의 이야기를 많이 담고자 했다. 내 경험을 나누어 다음 사람들은 시행착오의 시간을 줄이고 일의 재미를 더 누리기를 바랐다. 카카오게임즈 시절에는 게임 산업 전체를 조망하다 보니 사업과 비전에 관한 이야기를 많이 나누게 되었다.

글을 쓸 때는 페이스북의 개인 계정뿐만 아니라 직원들과 소통하고자 사내 게시판을 적극적으로 활용했다. 그렇게 10년의 기록이 쌓이니 꽤 많은 분량의 글이 모였다. 사내 교육 자료로도 활용하고, 더 많은 사람과 나누었으면 하는 생각에 책으로 펴내게 되었다.

책 제목을 어떻게 정할 것인가 고민하면서, 30대 후반부터 50대 초반에 이르는 지금까지 CEO로서 10년을 넘게 일하다 보니 CEO가 직책이라기보다 하나의 직업으로 느껴졌다. 그동안 나의 일터에서 어떻게 CEO로 일해왔는지, '업'의 관점에서 그 과정을 담고 싶었다.

사실 사회에서 겪는 일들은 기존 교육 체계에서 듣고 배우기가 힘들다. 여전히 직접 부딪히는 것이 최선이라고 생각한다. 하지만 막상 부딪혔을 때의 충격을 완화하고 유연하게 상황에 대처할 수 있다면, 이 책이 입문서로서 도움을 주는 역할을 조금이나마 담당할 수 있겠다는 마음에 그동안의 글을 정리해보았다.

　　나는 동료들 모두가 자신이 하는 일의 주인이자 업계의 리더로 성장해 나아가길 바란다. 그 과정에서 이 책이 길라잡이 혹은 공략집이 되었으면 한다. 시대의 흐름도 변화무쌍하게 바뀌고, 사회의 많은 조직마다 다른 특성이 있어서 적용 범위에 한계는 있을 것으로 생각한다. 하지만 우리가 지나간 역사를 공부하며 미래를 배우듯, 대한민국 IT 업의 역사와 함께 일하며 고민한 한 CEO의 흔적을 통해 잔잔한 사회생활 공략 방법들을 간접 체험하기를 기대하는 바이다.

차례

1장 ────────
튜토리얼: 업을 대하는 자세

2장 ─────────────────────
주니어 레벨: 일은 재미있어야 한다

3장 ————————————————————

중니어 레벨: 누구나 매니저가 되어야 한다

————————————————————

4장 ─────────
시니어 레벨: 일과 삶이 협업할 때
──────────────

1장

튜토리얼

: 업을 대하는 자세

PLAY

1. 극, 희곡, 연극, 각본

2. 놀다, 오락, 즐기다

언어를 뒤집어보면 게임의 본질이 연극과 매우 깊은 관계가 있다는 것을 알게 된다. 게임에서 가장 인기 있는 장르가 '롤플레잉게임Role Playing Game'이라는 점에서 더욱 그 의미를 되새겨봐야 한다. 인문학적인 관점에서 보면 게임도 직업도, 하나의 역할극이다.

N사와 카카오의 차이

하와이 길거리를 다니다 보면 우리에게도 이름이 매우 익숙한 '반얀트리' 나무가 많이 보인다.

반얀트리가 성장하는 방식을 보면 카카오의 성장과 많이 닮았다. 하나의 뿌리에서 성장하는 대부분의 나무와 달리 반얀트리는 줄기가 어느 정도 성장하면 그에 머무르지 않는다. 가지가 스스로 땅을 향해 내려가고, 땅에 깊게 묻혀 다시 새로운 뿌리가 되며, 그 뿌리를 기반으로 새로운 성장을 한다.

이는 2010년대 스마트폰의 등장과 함께 시작된 '앱

시대'에 아주 적절한 경영 방식이라고 생각한다.

N사로 대표되는 포털 시대에는 '포털' 영문 단어의 뜻에 맞게 하나의 '관문'을 통해 서비스가 구성된다. 유저들이 통일된 입구를 통해 접근하고, 그 입구에서 보내주는 경로에 따라 유저 트래픽이 움직이고, 그에 맞춰 서비스가 배치된다. 서비스가 배치되는 구조에 따라 그 서비스를 운영하는 조직도 맥락에 맞춰 형성된다.

포털 시대는 이렇게 하나의 뿌리로부터 가지가 형성되고, 회사나 조직 구조도 그에 따라 성장하는 것이 매우 자연스러웠다.

그런데 앱 시대에는 서비스의 접근 경로가 하나의 관문을 통해서만 이뤄지지 않는다. 그러다 보니 개별 사업 주체들이 자회사로 확장하여 스스로 뿌리를 내리고 각자 영역에서 개별적으로 경쟁하게 된다. 사실 카카오라는 기업의 성장 방정식은 서비스의 본질적인 형태에 기인하는 바가 크다.

반얀트리처럼, 우리의 성장 방정식으로 해외로 가지를 뻗어 각국에 뿌리를 내리고, 그 뿌리에서 새로운 가지가 나와 성장하는 기반이 되어 대한민국 국민이 자랑스러워하기를, 때로는 나무 그늘처럼 안식을 제공할 수 있기를 바란다.

전 카카오 CEO의 변

철학적으로 '존재'는 매우 중요한 의미를 지닌다. 존재는 기업 경영에서도 매우 중요한 키워드다.

종교와 상관없이 누구나 한 번쯤 들어봤을 불교 경전인 《반야심경》의 '반야'는 쉽게 번역하면 지혜를 뜻한다. 더 깊은 불교 해석으로 들어가면, 반야는 모든 것의 '존재 방식'을 '제대로 아는 것'이라고 한다.

반얀트리에 관심이 가서 어원을 알아보다 보니 바로 이 '반야'라는 단어가 있었다. 반얀트리가 더욱 매력적으로 느껴졌다.

"존재 방식을 제대로 아는 것."

반얀트리는 마치 나무 한 그루가 울창한 숲처럼 보인다. 이는 다른 나무들과 다르게 반얀트리가 살아남기 위해 선택한 특이한 존재 방식 때문이다.

하와이처럼 척박하고 얕은 땅에 바람이 세게 부는 환경에서, 나무가 뿌리 하나로 버티며 땅에 깊게 자리를 잡고 높게 자라는 방식은 어려웠을 것이다.

반얀트리는 어느 정도 자란 가지가 땅으로 내려와 흙을 뚫고 들어간다. 그 가지는 뿌리가 되어 나무의 새로운 근간이 되어주고, 다시 넓고 높게 성장한다. 이를 통해 너른 그늘을 내어주는 존재로 자라는 방식을 택한 것이다.

하나의 뿌리로 성장하는 나무들은 위기의 순간에 뿌리 하나가 뽑히면 더는 양분을 공급받을 수 없지만, 반얀트리는 여러 뿌리를 통해 양분을 공급받을 수 있으므로 안정적인 성장을 이룰 수 있다.

카카오가 나아가고자 하는 방향도 이와 닮았다. 앱 시대라는 환경에서 서비스 구조에 맞게 선택한 '존재 방식'이면서, 동시에 거친 환경에서 안정적으로 성장할 수 있는 '경영 방식'이자, 뜨겁고 척박한 땅에서도 많은 사람에게 그늘과 쉼터를 제공할 수 있는 '사회 기여 방식'이라고 생각할 수 있다.

전 게임사 CEO의 변

인터넷이 처음 세상에 등장했을 때를 생생히 기억한다. 당시 인터넷 중독과 그에 대한 폐해가 의학계, 언론계, 너 나 할 것 없이 끊임없이 언급되었다. 하지만 지금 인터넷은 우리에게 없어서는 안 될 삶의 바탕이 되었다. 중독을 주장하던 이들도 지금은 인터넷을 매일 이용하고 있을 것이다.

게임도 그렇게 될 것이라고 확신했다. 전 세계는 '게이미피케이션gamification', AR, VR, AI를 통해 게임이 아닌 분야에서도 어디에서나 게임의 재미 요소를 활용하게 될 것이며 우리 삶에 없어서는 안 될 주요 근간으로 자리 잡을 것이다. 게임은 단순히 '오락거리'가 아니라 문화 콘텐츠를 넘어 대한민국의 미래이자, 전 세계의 미래가 될 것이라고 전망한다.

인터넷을 사용할 줄 모르는 사람은 이제 취업 자체가 어려운 것처럼 게임의 핵심과 근간을 이해하지 못하는 사람들은 미래 사회의 핵심 인재가 되지 못할 가능성이 크다.

문제를 최대한 쉽게 재정의하라

고등학교 때 남태평양 한가운데 사모아라는 곳에서 살았다. 그곳에서 고등학교 1학년 때부터 운전을 시작해 운전 경력이 꽤 오래 쌓인 터라 군대에서 운전병을 하게 되었다.

운전병은 운전만 하는 것이 아니라 웬만한 차량 정비도 직접 하게 된다. 어려운 정비 중 하나가 시동이 걸리지 않을 때다. 이는 여러 문제의 총합이 결과로 나타났을 확률이 커서 각각의 문제를 찾는 일이 정비의 시작이다.

가장 어려웠던 정비의 추억이 있다. 거의 모든 문제

를 다 체크해봤는데도 시동이 걸리지 않아서 헤매다가 정비병의 도움을 받아 차량을 살펴봤더니 연료가 없었던 것이다!

문제는 단순히 연료 게이지 고장이었다. 연료 게이지가 고장 나서 연료가 있는 것처럼 보였고, 기름을 넣었더니 바로 차가 쌩쌩 가길래 얼마나 황당했던지…….

이런 일은 자동차 정비뿐 아니라 인간을 치료하는 데도 마찬가지인 것 같다. 한번은 어깨가 아프고 결려서 침도 맞아보고, 파스도 잔뜩 붙이고, 마사지도 받아보고, 한의원 양의원 가리지 않고 다니며 할 수 있는 모든 것을 다 해봐도 고치지 못했다.

그러던 어느 날 친구가 소개한 의사를 만나 MRI를 찍어봤는데 어깨는 현상이고 문제는 목디스크라는 진단이 나왔다. 목디스크가 생겨서 어깨에서부터 시작해 손목까지 저린 현상이 나타났다고 한다.

자동차, 사람뿐만 아니라 일을 할 때도 문제가 무엇인지 찾는 것이 중요하다. 현상과 문제 지점이 동일하지 않는 경우가 의외로 많다. 현상이 나타났을 때 바로 어깨를 찢어보려고 달려들 때도 있다.

우리는 그보다 현상이 나타나는 원인, 진짜 문제의 본질이 무엇인가를 찾아내는 고민을 선행해야 한다. 문제를 찾아내면, 답은 생각보다 쉬운 경우가 많다(기름만 넣어주면 될 정도로).

정확한 문제 정의가 일을 풀어나가는 데 매우 중요하다. 문제를 찾은 다음 그 문제를 최대한 쉽게 재정의해야 한다. 그러면 해답은 생각보다 쉬운 곳에 있다. 이것이 일의 핵심이다. 그리고 자신뿐 아니라 조직이 쉽게 문제를 풀 수 있도록 재정의하는 것, 이것이 리더의 핵심 덕목이다.

"존재 방식을 제대로 아는 것"
　이것이 성장의 핵심이다.

"진짜 문제가 무엇인지 찾는 것"
　이것이 해결의 본질이다.

기업의 전진과 사업가의 초심

1. 기업의 운명을 보면 무엇을 해서 나타나는 문제보다 적정 시점에 해야 할 무엇을 하지 않았을 때 큰 문제가 발생한다고 생각한다. 하지만 무엇을 결정하고 실행하는 사람에게는 책임이 따르고 결과가 끝까지 추적되는 반면에 무엇을 하지 말자고 반대한 사람에게는 책임도 없을뿐더러 향후 그 책임을 남에게 전가하기도 쉽다.

모든 이동 기구에는 액셀과 브레이크가 존재하듯이 두 기능에는 차별적 의미가 뚜렷하게 있지만 이동 기구의 본질은 결국 '이동'이지 '멈춤'이 아니다. 해야 하는데 하지 않고 있는 것은 무엇일까? 그래서 나중에 크게 후회할 일은 무엇일까? 나는, 우리는, 이것을 꾸준히 자문하고 도전하고자 한다.

2. 사업을 하다 보면 초심을 잃기 쉽다. 그리고 많은 사업은 좀 더 나은 세상을 만들고자 하는 꿈으로 시작하게 된다. 하지만 꿈을 꾸다 보면 현실을 만나고, 현실과 타협하게 되는 것이 일반적이다.

카카오 공동체에는 많은 이슈가 발생하기 때문에 외부 기사를 통해 사내 뉴스를 접하게 될 때가 있다. 때때로 나의 위치를 객관화해보게 되는 경험이다. 내가 속한 조직이 더 나은 세상이 되는 데 한 걸음 다가가고자 하는 의사결정을 내릴 때면 사업의 초심이 느껴지고, 그 울림이 개인에게도 이어져 각자의 초심을 돌아보게 되는 것 같다. 이러한 영향력이 업계와 사회에 같은 울림으로 전해지고, 공명으로 더욱 커졌으면 하는 바람이다.

AI의 등장과 '문송' 시대의 종말

1. 문과 세상의 컴퓨터

컴퓨터는 전자계산기라는 이름으로 대중에게 등장했다. 이는 마치 앞으로 수학자들의 업무가 없어질 것처럼 여겨졌으나 결과적으로는 이과의 시대를 열었다.

그동안 컴퓨터와의 대화 능력을 키우지 않았던 문과생들은 IT가 이끌어가는 사회에서 그 가치가 매우 퇴색되었고 바야흐로 이과생들의 시대가 되었다. 하지만 이제 이과생들이 문과생들의 언어를 컴퓨터가 이해할 수 있게 바꿔놓고 있다.

AI의 등장은 더 이상 문송(문과라서 죄송)하지 않아도 되는 세상을 열게 되리라고 생각한다.

2. 텍스트text 서비스의 부활

게임 업계에서는 과거의 산물처럼 느껴졌던 1세대 PC 게임들이 모바일이라는 새로운 디바이스에 접목되면서 다시 살아있음을 증명했다.

IRC Internet Relay Chat처럼 'WWW World Wide Web' 이전의 인터넷 서비스가 AI와 만나면 크게 재등장할 것이라고 생각한다. 챗GPT는 시작에 불과하다. 채팅 메시지들의 데이터베이스를 재구성하면 하나의 인격을 만들어낼 수 있을 것이고, 어쩌면 드라마 대본과 영상 속 목소리만으로도 드라마 캐릭터의 개성을 그대로 이어받은 대화체를 끌어낼 수 있을 것이다.

게임이 모바일 디바이스와 만나 한 사이클을 다시 돌았듯이, IT도 크게 다시 한 바퀴 돌 것이라고 생각한다.

닷컴 버블 이후 가려진 옥석

1999년 세기말과 함께 닷컴 열풍이 한창 불던 시기, 많은 스타트업이 '어쩌고 닷컴'이라는 사명으로 사업을 시작했다. 당시만 해도 세상은 닷컴을 이해하지 못했고, 대부분의 닷컴도 스스로 수익 모델에 대한 정의가 매우 부족했다.

검은 세력이 끼기도 했고 '묻지 마 투자'도 많았다. 전 세계가 그러했다. 결국은 시세가 폭락하고 세계적인 닷컴 버블이 꺼지면서 회사들은 약속이나 한 듯 꼬리에 붙였던 '닷컴 혹은 컴'이라는 이름을 떼어냈다.

드디어 옥석이 가려지기 시작했다. 당시의 광풍은 완전한 버블만은 아니었다. 400억 가치로 투자를 받았던 네이버의 시가 총액은 2023년 6월 기준 33조 5500여 원이 되었다.

게임 업계의 상황도 많은 부분에서 그때 그 시기와 비슷하게 성장하고 있다. 무궁무진한 가능성을 아직 세상도 모르고 스스로도 제대로 정의하지 못하지만 분명 누군가는 이곳에서 기회를 찾아내고 수십조 원대로 성장하게 될 것이다.

닷컴 시대의 게임과
AI 시대의 게임

1999년 이야기로 다시 돌아가보자. 당시 한게임은 "이제 인터넷이 재미있다!"라는 마케팅 캐치프레이즈를 사용했다.

당시 IRC 이메일 FTP(파일 전송 프로토콜)로 인식되던 인터넷 세상은 'WWW'로 통합되고 대중화되었다. 하지만 정보의 바다라는 그곳은 아직 망망대해였다. 웹사이트들은 망망대해의 무인도처럼 별로 재미가 없었다.

재미없던 세상을 재미있게 채운 것이 다름 아닌 게임이다. 동시에 인터넷 산업은 정보 커머스 등으로 확산되었다. AI 시대에도 마찬가지 상황이 될 것이라고 생각한다. 구글에서 AI 관련 신기술을 발표할 때마다 월드와이드웹이라는 물건을 처음 봤을 때처럼 신선한 기시감이 든다. 하지만 이 시대에도 AI를 재미있게 채워나갈 주체는 게임이 될 것이다.

게임이 AI 시대의 주인공임을 주장하는 이유는 단순히 '재미'뿐만이 아니다. AI의 변화는 인간에게 더욱 많은 '시간의 여유'를 줄 것이다. 이는 결과적으로 더욱 많은 시간을 게임 속에 존재하게 할 것이다. 지금은 하루 24시간 중 1시간을 플레이할 수 있는 여유가 있다면 앞으로는 업무 시간과 강도가 줄어들어 10시간을 플레이할 수 있게 될 것이다.

AI 기술은 게임을 더욱 '재미'있게 만들 것이고, AI가 인간에게 가져다줄 '여유'가 게임 시장을 급속도로 성장시킬 것이다. 지금 인터넷이 세상의 근간이 되었듯, 게임이 세상의 근간이 될 것이다.

게임 vs 교육?
게임 + 교육!

2020년에 발표된 '게임 산업 진흥 종합계획' 이후에 생각보다 업계가 조용했다. 매우 반가운 소식이었지만 지속성에 대한 신뢰가 없어서 그런 것일지도 모르겠다.

사실 게임은 학부모의 교육열과 대척점에 있다는 것이 가장 큰 문제다. 아이들이 공부를 안 하는 이유의 본질을 찾지 않고 피상으로 드러나는 게임을 원인으로 지목하는 행태가 짙다. 이는 과거 공부의 주적을 만화책으로 규정하고, 만화책을 불태웠던 일과 그 맥을 같이한다.

나는 E-스포츠에 해법이 있다고 생각한다. 축구를

하고, 야구를 하고, 농구를 하는 것으로 대학에 들어갈 수 있듯 E-스포츠를 통해 대학 입학이 가능해지면 인식이 바뀔 것이다.

사실 프로게이머가 아니더라도 게임에 대한 이해는 미래 사회의 필수 요소가 되리라 전망한다. 반대로 게임을 모르면 사회에서 뒤처질 수도 있다. 게임이 예술로 인정받는 것만으로도 기쁜 일이지만, 교육과 같은 편이 되는 시대가 오길 바란다. 그렇게 되면 모든 이슈의 원인을 게임으로 지목하는 마녀사냥이 중단되지 않을까. 문제의 본질을 찾고 새로운 세상으로 나아가길 기대한다.

환경이 주는 외력과
스스로 갖춰야 하는 내력

　　네덜란드는 여러모로 인연이 있다. 카카오게임즈의 유럽 지사가 네덜란드에 있기도 하다. 이런저런 인연으로 관심이 깊어가다 보니 네덜란드 자체에도 관심이 생겼다.

　　원래 지주 중심으로 발전하던 다른 유럽 국가들과 달리 땅을 개간해서 만든 네덜란드는 전통적인 영주 중심으로 정치와 경제가 발전하지 않게 되었다. 즉, 개인들이 개간한 땅을 소유하게 되면서 민주주의가 정치적인 개념 이전에 경제적으로 자연스럽게 구축되었다고 한다.

　　이로 인해 대항해 시대가 시작되었을 때, 몇몇 영주

를 통해 항해 자금을 조달하는 것이 아니라 대중을 통해 자금을 구하게 되었다고 한다. 이것이 바로 세계 최초의 주식회사인 네덜란드 동인도 회사가 설립된 배경이다.

또한 땅이 낮아서 운하와 항구가 발전하게 되었고, 땅이 부족해서 척박한 땅을 개간했을 뿐인데, 세계로 나아갈 수 있는 최적의 환경을 갖추게 되었다는 것은 정말 아이러니하면서도 사업을 하는 데 있어서 환경적인 여건이 얼마나 중요한지를 방증하는 듯하다.

이렇듯 환경적 여건, 즉 외력이 매우 중요하다. 네덜란드의 동인도 회사뿐 아니라 한국의 게임 산업을 포함한 IT 산업의 발전은 초고속 인터넷 인프라와 훈민정음이라는 외력(환경)의 영향이 컸음을 잊지 말아야 하며, 이제 그 외력의 힘이 아니라 자신의 내력으로 성장할 때가 도래했다고 생각한다.

큰 흐름에 대한 지속적인 고민

2010년 즈음 등장한 모바일은 주춤했던 게임 업계에 새로운 바람을 일으켰다. 그로부터 10년이 지나고 보니 모바일이 가져온 변화는 적어도 1차전은 일단락된 느낌이다.

5G 환경의 스트리밍 서비스는 획기적인 변화를 가져왔지만, 5G가 부여하는 스트리밍 플랫폼은 기존의 강자를 더 강하게 하는 쪽으로(플랫폼이나 콘텐츠 관점 모두) 흐를 가능성이 높아 보였다.

그런데 기존의 룰을 깨버리는 혁신은 조금 다른 곳

에서 보였다. 2019년 열린 GDC^{Game Developers Conference}(전 세계 최대 규모의 게임 개발자 대상 콘퍼런스)에서 관심을 크게 끈 것은 구글맵 기반의 'Real World Gaming'이었다(그러 고 보니 굵직한 것들은 다 구글에서 나온다).

그동안 모바일이 게임 업계에 준 가장 큰 영향은 '접 근성'이라고 생각한다. 과거에는 부팅하는 데 1분 이상, 로그인하는 데 1분 이상, 캐릭터 접속하고 사냥 나가기까 지 10분은 소요되고, 레이드 정도 나가려면 준비만 30분 ~1시간이 걸리던 시대에서 단 몇 초 만에 게임을 시작하 고 즐길 수 있으며, 언제 어디서든 주머니에서 꺼내기만 하면 게임을 즐길 수 있게 되었다.

하지만 이것은 모바일의 특성 중 접근성에만 특화된 것이지 모바일의 등장으로 새롭게 등장한 GPS를 활용한 '모빌리티^{mobility}' 특성은 시작 단계일 뿐이라고 본다.

LBS^{Location Based Service}(위치 기반 서비스) 게임들이 크게 성장한다고 가정하면, 포켓몬고는 애니팡과 같은 모바일 시장 초창기 게임에 견주어보면 될 것이다. 결국 시장에 는 다양한 형태가 등장할 것이다. 세븐나이츠도 나올 것이고, 리니지M도 나올 것이다. PC 시대를 모바일이 답습했듯, LBS 시장도 하드코어해질 것이다.

이러한 시기에 우리는 무엇을 준비해야 할지, 나의 예상만큼 '모빌리티'가 '큰 흐름'이 될지 고민이 깊어진다.

해야 하는데 하지 않고
있는 것은 무엇일까?

그래서 나중에 크게
후회할 일은 무엇일까?

카카오톡 출시 무렵의 추억

카카오톡이 출시되고 인기를 끌기 시작했던 2011년 경의 일이다. 당시 카카오 창업가와 나눈 사담은 지금 되돌아보면 꽤 의미 있는 대화였다. 그때 나는 이런 질문을 던졌다.

"SKT 같은 망사업자들이 문자 메시지 무료화를 해 버리면 카카오톡은 의미 없어지는 거 아니에요?"

"아니, 아직도 모르겠어? 카카오톡은 그런 문자 메시지 대체가 아니라 플랫폼이 될 거라니까."

사실 카카오톡이 출시되기 한참 전에 미국에서 왓츠

앱이라는 서비스가 출시되었다. 왓츠앱은 나의 우문처럼, '개인 톡' 중심의 문자 메시지 대체 서비스로 포지셔닝해 소셜 플랫폼의 지위를 확보하지 못했다.

하지만 카카오톡은 '커뮤니케이션' 서비스로 시작해 '단톡'을 기반으로 '커뮤니티'로 성장했다. 그렇게 구성된 소셜 플랫폼을 근간으로 'for kakao' 게임 채널링 모델을 출시해 대한민국 모바일 게임 산업에 큰 획을 그었으며, '콘텐츠'로 수익 모델을 확보했다.

'게임'은 이러한 카카오 역사의 흐름에서 탄생했고, 그 기반으로 성장하고 있다. 이후에도 콘텐츠는 게임뿐 아니라 웹툰, 멜론 등으로 확장해 이제는 대세가 된 '커머스'까지 이어지고 있다.

또 다른 에피소드를 하나 더 소개한다. H와 N이 합병할 즈음의 이야기다. 그때 N사 대표님이 "너희는(한게임) 수익 모델이 뭐냐?"라고 질문했고 당시 한게임 창업가(현 카카오 창업가와 동일 인물이다)는 "글쎄, 우리는 일단 사람을 많이 모으면 뭐든 될 것 같아. 그리고 정 어려우면 그냥 유료화해도 괜찮을 것 같아. 그러는 너희는(N) 수익모델이 뭐야?" 이때 N사 대표님은 농담조로 "글쎄…… 자선사업인가 봐"라며 말을 흐렸다.

이렇듯 2000년 초기에는 전 세계 어느 누구도 인터넷 비즈니스 모델에 대한 명확한 답이 없었다. 그러다 2002년경 '4C 이론'이 등장한다. 간단하게 설명하면 "인터넷 산업은 '커뮤니케이션', '커뮤니티'로 형성된 플랫폼 위에 '콘텐츠'와 '커머스'로 수익화한다"라는 이론이다.

카카오가 성장한 10년의 역사를 돌이켜봐도 4C 이론의 관점에 매우 절묘하게 들어맞는다. 카카오 본체를 제외한 카카오 공동체 중에 굳건한 이익을 내는 곳들이 대부분 콘텐츠 영역이다. 최근 급성장한 커머스까지 고려하면 카카오 10년의 역사를 되돌아보는 좋은 방법론이다.

이에 비추어 카카오 게임 사업의 과거와 미래를 함께 고민해보기 전에, 카카오의 역사에서 게임의 의미를 다시 한번 돌이켜본다. '게임'은 모바일 시대 이전 PC 시대에서도 인터넷 비즈니스 수익화의 선봉장 역할을 했다.

이는 모바일 시대에서도 그대로 이어져 오늘의 카카

오가 존재하고 성장할 수 있도록 뒷받침한 든든한 캐시카우 역할을 해주었다. 4C 관점에서 카카오 게임의 의의를 되새겨보면 앞으로 사업이 나아갈 방향성을 다시 생각해 볼 수 있다.

디지털 트랜스포메이션

산업 전반에 디지털 트랜스포메이션^{Digital Transformation}이라는 용어가 등장한 이래로 실제로 오프라인 산업의 혁신은 곳곳에서 일어났다. IT 기술은 금융업, 운송업, 상거래업 등과 기존 오프라인에 기반을 둔 산업을 변화시키며 또 직접 변화를 주도하기도 했다.

여기에서 힌트를 얻어, 게임 산업이 나아가야 할 방향을 발견했다. 비게임 영역으로 게임의 기술을 접목해 혁신에 도전하며 확장해보면 어떨까.

게임회사들도 전통적인 IT 영역을 넘어서는 새로운

도전이 필요하다. 즉, '게이미피케이션'을 통한 혁신으로 '우리만의 색깔'로 디지털 트랜스포메이션을 이룰 수 있을 것이다.

디지털 트랜스포메이션을 잠깐 짚고 넘어가자. 이는 사회 전반에 디지털 기술을 적용해 전통적인 사회 구조를 혁신하는 것이다. 일반적으로 기업에서 사물인터넷IoT, 클라우드 컴퓨팅, 인공지능AI, 빅데이터 솔루션 등 정보통신기술ICT을 플랫폼으로 구축하고 활용해 기존 전통적인 운영 방식과 서비스 등을 혁신하는 것을 의미한다.

IBM 기업가치연구소의 보고서(2011)는 '기업이 디지털과 물리적인 요소들을 통합해 비즈니스 모델을 변화시키고, 산업에 새로운 방향을 정립하는 전략'이라고 정의한다. 디지털 '전환transformation'을 위해서는 아날로그 형태를 디지털 형태로 변환하는 '전산화digitization' 단계와 산업에 정보통신기술을 활용하는 '디지털화digitalization' 단계를 거쳐야 한다.

디지털 전환을 추진한 사례로, 제너럴 일렉트릭GE의

산업 인터넷 소프트웨어 플랫폼 프레딕스Predix™, 모바일
앱으로 매장 주문과 결제를 할 수 있는 스타벅스의 '사이
렌오더 서비스' 등이 있다. 성공적인 디지털 전환을 통해
제4차 산업혁명이 실현된다.

시작의 끝,
미래를 준비하는 키워드

"The end of the beginning(시작의 끝)"이라는 제목의 유튜브 영상을 보았다. 10년 주기로 게임 산업 위기를 돌파할 해법에 대해 눈을 뜨게 해준 영상이다.

2000년대에 들어서며 PC와 인터넷을 통해 고정 공간에 있던 사람들이 연결되었고, 2010년대에는 스마트폰과 모바일 네트워크를 통해 이동하는 사람들까지 모두 연결이 완료되었다. 이로써 인간의 연결은 끝이 났다. 인간의 연결로 맺어진 산업의 외력적 부흥도 끝을 바라보고 있다.

그렇다면 'beginning(시작)'이란 무엇인지를 어떻게 정의하느냐에 따라 앞으로의 10년, 20년, 혹은 100년의 미래를 준비할 수 있을 것이다. 앞에서도 언급했듯이 지난 20년간 4C로 규정한 "커뮤니케이션, 커뮤니티, 콘텐츠, 커머스"가 매우 중요한 인터넷 사업의 키워드였고 인간과의 연결이 그 핵심이었다.

반면 미래는 '일반 세상의 모든 것'과 '연결된 인간들'이 다시 연결되는 소위 '디지털 트랜스포메이션이 핵심'이라고 해당 영상에서 이야기하고 있다. 나 또한 매우 동감한다.

여기서부터는 내 생각이다. 이를 게임의 언어로 이야기하면 '게이미피케이션이 핵심'이 될 것이다. 세상을 게임의 해법으로 디지털 전환하는 모든 것을 게이미피케이션이라고 할 수 있다. 카카오뱅크의 '저금통'이 하나의 예가 될 수 있다. 모으기 규칙을 선택하면 알아서 모아주는, 마치 게임처럼 돈을 모으는 '잔돈 재테크'로 재미 요소를 접목했다.

따라서, 아무리 게임 산업이 성장한다고 해도 계속해

서 기존의 게임 산업 틀에서만 사고해서는 안 될 것이다. 때로는 타 산업으로 확장하고 침투하며 세상을 게임의 해법으로 전환하는 곳에 미래가 있을 것이다.

세상을 게임의 해법으로
디지털 전환하는 모든 것,
이것이 '게이미피케이션'이다.

마치 게임처럼 돈을 모으는
'잔돈 재테크'처럼 말이다.

유저와 함께 만드는 게임

응집된 게임의 내력이 비게임 영역으로 확장되어야 할 때가 왔다는 확신이 들었던 때가 있다. 게임은 오래전부터 B2C2C(기업 간 거래와 개인 간 거래를 결합해 이용자 간 경제활동 지원)이자 UCC User Created Contents(사용자가 직접 제작한 콘텐츠)였다. 게임사는 '장'을 제공할 뿐 놀이는 유저들끼리 만들어왔다.

게임사의 운용 성과는 모든 디지털 콘텐츠 영역과 커머스 영역으로 확장될 것이다. 무료로 듣고, 무료로 보던 웹툰이나 음악 스트리밍 서비스 문화를 유료로 전환한 것만으로도 대단한 변혁이었지만, 게임의 시각으로 보면 아직 월 정액제 형식에 멈춰 있다. ARPU^{Average Revenue Per User}(사업자의 서비스 가입자당 특정 기간 평균 수익) 근간의 전략만 수행될 뿐 'ARPU적' 접근은 부족하다. B2B2C(기업과 기업, 기업과 소비자 간 거래)적 접근만 보일 뿐, B2C2C적 접근은 보이지 않는다.

암호화폐 또한 게임을 통해 변화하고 있다. P2E^{Play to Earn}뿐 아니라 M2E^{Move to Earn}, T2E^{Train to Earn} 등 게임 기술을 근간으로 한 혁신이 이뤄지고 있다.

게임을 통해 디지털 트렌스포메이션의 자본 수혜자가 대중으로 확산되고 있다. 소비자에 머물렀던 대중이 디지털 생산자로 변화하고 있다. 일부 인플루언서에 그치지 않고 일반으로 확산된다는 의미다. 디지털 콘텐츠는 접근하기 쉬운 사이드 프로젝트, 즉 'N잡'이 될 것이다.

이러한 변화에 따라 게임 산업은 스스로 성장할 뿐 아니라, 디지털 산업 전체를 혁신하리라고 본다. 드디어 게임의 응집된 내력이 스스로를 성장시키고, 그 힘을 펼칠 때가 왔다.

팬의 시대를 맞이하며

1. 유저User 20년

인터넷망에 연결된 모든 이를 유저라는 관점으로 바라보면 IT 산업은 지난 20여 년간 "엄청난 유저의 확산 속에서" 성장해왔다.

2018년경에 나는 매우 혼란스럽고 두려웠다. 20년 동안 파도처럼 밀려오던 엄청난 유저의 증가가(대중화) 더이상 성장할 수 없는 수준까지 올라왔다는 것이 느껴졌기 때문이다. 대중화가 멈춘다는 것은 큰 충격과 두려움이지만 그로부터 5년여 지난 지금 생각하면 매우 중요한 한가지를 간과했던 것 같다.

2. 팬Fan의 미래

대중화가 성숙기에 접어들 무렵 디지털 콘텐츠 세상에서 '팬'이 등장하기 시작한다. 제품과 서비스에 대한 이들의 애정은 해당 브랜드와 본인을 동일시하며, 이들이 지출하는 소비는 시간이 지날수록 거대해진다. 게임 업계에서는 이들을 '고래'라고 부르지만 큰 맥락에서 보면 '슈퍼 팬Super fan'으로 칭하는 것이 적절해 보인다. 팬의 등장과 그들을 만족시켜주는 '슈퍼 크리에이터'의 등장이 요즘 가장 유의미하게 봐야 할 특징이라고 생각한다.

3. 팬 시대의 대한민국

팬의 시대를 우리가 주목해야 하는 가장 큰 이유는 전 세계 시장을 대한민국이 주도할 수 있기 때문이다. 가상 세계의 핵심 콘텐츠인 게임과 현실 세계의 핵심 콘텐츠인 엔터테인먼트 산업은 대한민국이 세계 최고 수준의 성과를 내고 있다(K-문화).

AI, 블록체인, 메타버스 등 환경의 변화에도 대한민국 기업들은 선도적으로 기민하게 대응하고 있다. 이러한 산업 환경에 따라, 유저의 시대에는 한국이 미국에 뒤처졌지만 팬의 시대에는 한국이 우위를 차지할 가능성이 매우 높다. 팬의 물결은 전 세계적으로 거대한 파도이며, 그 물결 속에서 대한민국 IT 산업이 또 한번 도약할 기회를 맞이하고 있음을 체감한다.

팬 시대의 콘텐츠, 몇 가지 특징

1. 대세는 유저 플랫폼에서 콘텐츠 플랫폼으로

유저 중심의 시장에서 팬 중심의 시장으로 서비스의 핵심이 변화하면 가장 큰 변화는 역시 콘텐츠가 될 것이다. 유저 시대에서는 유저 사이를 연결하는 커뮤니케이션과 커뮤니티 서비스가 핵심이지만, 팬의 시대에서는 팬심을 근간으로 하는 콘텐츠와 커머스가 핵심이다. 특히 디지털 콘텐츠는 UCC 콘셉트로 무한 생산이 가능해지면서 B2C2C 기반의 콘텐츠 사업이 크게 확장될 것으로 보인다.

2. 콘텐츠의 융합

디지털 콘텐츠 중심의 게임 산업과 사람 콘텐츠 중심의 엔터테인먼트 산업은 서로 다른 영역이었다. 게임은 가상 세계의 대표 콘텐츠였고, 엔터테인먼트는 현실 세계의 대표 콘텐츠였다. 하지만 메타버스라는 키워드가 버츄얼 휴먼과 함께 등장하면서 게임과 엔터테인먼트 영역의 구분이 모호해졌다. 이들은 서로의 강점을 흡수하고, 성장하며, 재편될 것으로 보인다.

3. 메타버스

팬심으로 최근의 변화들이 다 설명되지는 않지만 팬심을 기반으로 생각하면 현재 일어나는 많은 변화에 대한 이해가 쉬워진다. 메타버스도 '슈퍼 크리에이터'와 '슈퍼 팬'의 관점에서 바라보면 어렵지 않은 인문학적 정의일 뿐이다. 팬들의 심정을 이해해야만 현재 일어나는 수많은 변화를 이해할 수 있다. 그들이 느끼는 가치는 현실적 가치가 아니라 '희소성'에 더욱 방점을 찍는다.

4. ARPPU

팬들에게는 똑같은 농구화 기능의 가성비가 아닌 나만 가진 마이클 조던이 신었던 그 농구화의 '감성비'가 핵심이다. 감성비는 가성비 플러스가 아니라 팬의 숫자와 경쟁에 비례하기 때문에 실제 효용 가치 대비 수십만 수백만 수천만 배에 이른다. 그렇게 시작한 감성비는 거래 가치가 생기며 투자 자산이 되고, 다시 "또 다른 수준의 가성비"로 둔갑한다.

ARPPU Average Revenue Per Paying User는 PU Paying User와 함께 게임 업계에서 많이 쓰이는 매출 관련 지표이다. 쉽게 말해 '객단가'다.

유저가 아닌 팬 관점으로 시선을 바꾸면 ARPPU는 게임뿐 아니라 모든 디지털 콘텐츠 영역과 커머스 영역에도 똑같이 펼쳐나가야 할 중요한 사업 전략이다. 유저 시대의 핵심 전략이 PU였다면, 팬 시대의 핵심 전략은 ARPPU가 되어야 한다.

5. AI와 웹3.0

한때 모든 IT 회사들의 핵심 키워드였던 AI 기술 또한 팬의 시대를 맞이하면서 해빙기를 겪게 될 것으로 보인다. AI는 디지털 휴먼에 생명을 불어넣을 것이고, 앞으로 더욱 크게 일어날 UCC의 바람으로 또 다른 '콘텐츠 제공자'로 존재하게 될 것이다. 웹3.0 또한 이러한 개념에서 크리에이터를 지원하고 팬을 만족시키는 수단으로 성장할 것이다. 큰 틀에서 보면 가상 세계 콘텐츠와 현실 세계 콘텐츠가 서로 융합되는 것을 촉진해줄 촉매제로 AI와 웹3.0의 기술이 접목될 것으로 보인다.

AI 관련 규제에 관하여

2021년 1월 무렵의 일이다. 아침 뉴스를 보다 보니 AI 관련 규제론이 고개를 들고 있었다.

AI챗봇 '이루다'가 출시되었을 때 주로 10대, 20대가 나누는 대화를 통해 학습한 결과를 내보내다 보니 기성세대는 적잖게 충격에 빠졌다. 나 또한 기성세대라 이루다의 당혹스러운 답변에 놀랄 때가 많았다. 하지만 이루다는 교육을 목적으로 만들어낸 인공지능 슈퍼컴은 아니었다. 앞으로 수없이 출시될 AI 캐릭터 중에 하나일 뿐이다. 이루다는 결국 위험 발언으로 논란이 되면서, 약 3주 만에 서비스를 중단했다. 아무리 성능이 뛰어나더라도 결코 쉽게 판단할 문제는 아니었다.

그런데 AI챗봇이 현실과 동떨어진 이야기를 하는 것은 아니다. 이 AI가 현세대를 통해 학습되었으므로, 사실은 분명히 현존하는 혐오와 차별이 노출된 것이다. 오히려 "현세대가 가지고 있는 혐오와 차별 자체가 문제"다. 반성을 해야 한다면 AI가 아니라 사회가 해야 한다. 물론 AI 중에 선생님이나 상담사와 같은 캐릭터가 이루다와 같은 대답을 하면 안 될 일이다.

윤리적인 문제와 영향력은 신중하게 접근해야 하지만, 모처럼 일어난 AI에 대한 사회의 관심을 규제로 압박할 것이 아니라 긍정적인 방향으로 이끌어내야 한다고 생각한다. 이제 시작일 뿐인 산업, 매력적인 AI의 가능성과 혁신을 엉뚱한 규제로 가둬두지 않을지 걱정스럽다.

단지 연료가 없었을 뿐인데
엔진을 다 분해해 자동차를
고치려고 할 때가 있다.

문제를 최대한 쉽게 재정의해야 한다.
해답은 생각보다 쉬운 곳에 있다.

B2C2C의 시대

PC 시대 – B2C

모바일 시대 – B2B2C

메타버스 시대 – B2C2C

새로운 시대가 오면 무엇을 주목하고, 무엇에 집중해야 할 것인가? 메타버스라고 하면 일반적으로는 메타버스의 3D적 특성, 더 크게 접근하자면 메타버스의 기술적 특성을 주요 관점에 두고 논한다. 하지만 인문학적 특성과 경제·경영적 특성은 흔히들 간과하는 것 같다.

사업적으로는 C2C라고도 불리고, 서비스적으로는 UCC라고도 한다. 이 시대에 이르러 디지털 세상에서 누구나 디지털 경제 활동이 가능해졌다. 누구나 디지털 유니버스에서 디지털 콘텐츠를 통해 경제적 이윤을 창출하는 시대로 바뀐 것이다. 이를 경제 시스템으로 뒷받침하는 블록체인 이코노미의 등장은 이러한 변화의 핵심 촉매제가 되고 있다.

새로운 세상이 오면 게임에서 가장 먼저 혁신과 머니타이징이 시작된다. PC 시대에도 그러했고, 모바일 시대에도 그러했다. 게임 업계에 불어닥친 P2E 바람 또한 이러한 관점에서 봐야 한다. 새로운 시대의 핵심 특성이 무엇인지를 파악하는 것이 중요하다. 그 특성을 중심으로 역사는 되풀이될 것이다. 미래는 과거 속에 있다.

AI 시대,
소리의 가치가 재평가될 것이다

AI 시대에 많은 사업 및 직업이 퇴보와 소멸의 과정을 걷게 될 것이라고 한다. 그렇다면 반대로 더욱 각광받고 주목받게 될 직업은 어떤 것일까?

관심이 큰 영역은 목소리다. AI는 스피커를 통해 우리에게 가장 먼저 다가왔고 스피커를 통해 접하게 되는 것은 당연히 소리다. AI의 기능 중에 가장 인기 있는 것 또한 음악, '소리'는 이미 검증된 영역이다. 하지만 아직 미개척 영역인 부분이 바로 '사람의 목소리'다.

성우, 배우, 아나운서, MC 등으로 대표되는 인간의

소리가 새롭게 성장할 영역이 아닐까? 보컬로이드를 만들 듯 내가 좋아하는 연예인의 목소리를 방송에 이미 사용된 데이터베이스를 통해 재현할 수 있다면 수많은 연예인의 목소리가 AI를 통해 재탄생할 수 있을 것이다. 지루하고 일관된 목소리도 더욱 다양하게 활용할 수 있을 것이다.

일본의 뱅드림에서 걸그룹으로 활약하는 성우들처럼 한국의 성우들도 캐릭터로 재탄생할 수 있을 것이며, 아이들에게 읽어주는 동화도 보다 다양한 목소리로 들려줄 수 있을 것이다.

내가 좋아하는 목소리로 아침을 시작하고 잠들기 전 인사 또한 익숙한 일이 될 것이다. 이렇듯 AI의 시대에는 소리의 가치가 재평가되지 않을까?

게임은 교육 과목 그 자체가 될 것

게임은 이미 거대한 산업군이 되었으나, 아직 세상은 그 산업군이 요구하는 교육 구조를 갖추지 못했다. 과거 스스로 학교를 세워보겠다는 생각을 하기도 했고, 아직 그 꿈을 지키고 있다. 작게나마 내가 출범한 게임인재단(현 미래콘텐츠재단)에서 산업과 교육계가 소통을 해나가고 그를 통해 산업이 원하는 인재들과 연결될 수 있는 통로가 되도록 씨앗을 뿌리고 있다.

게임 산업에 대한 인식 개선은 다양한 통로로 풀어가야 하겠지만, 문제의 시작과 끝이 게임의 본질에 대한 사회의 고찰이나 인식 전환이 아니라, 학생들의 교육에 방해된다는 것이 가장 큰 걸림돌이라고 생각한다.

게임 그 자체와 게이미피케이션을 통해 게임이 대한민국 최대 산업이 될 것임은 자명하다. 오히려 게임을 '공부'하는 시대를 준비해야 한다. 과거 컴퓨터에 대한 지식이 회사생활에 필수가 되고, 인터넷이 지식의 필수가 되었듯이, 미래에는 게임에 대한 지식이 필수가 될 것이다.

따라서 게임은 교육의 적이 아니라 교육 과목 그 자체가 되어야 한다. 국어, 영어, 수학을 모르는 것보다 직장생활이 어려워질지도 모른다.

하지 않은 일에 대한 아쉬움

"지금부터 20년 뒤에 너는 네가 한 일보다 하지 않은 일 때문에 더 실망하게 될 것이다. 그러므로 돛을 올려라. 안전한 항구를 벗어나 멀리 항해하라. 돛에 한가득 무역풍을 실어 탐험하라. 꿈꾸어라. 발견하라."

- 마크 트웨인

회사도 마찬가지일 것이다. 한 일에 대한 후회보다 하지 않은 일에 대한 아쉬움이 클 것이다. 회사도 안전한 항구를 벗어나 멀리 항해해야 한다.

꿈으로 끝내지 않고,

꿈을 끝내지 않고!

2장

주니어 레벨

: 일은 재미있어야 한다

내가 뛰면, 즐긴다고 오해들 한다.
나는 단지 빨리 도착해서
놀기 위해 뛰는 것이다.
PC방을 향해 뛰는 초딩처럼.

sport, play, school,
and practice

1. 일의 새로운 돌파구

한국의 E-스포츠를 보고 축구의 브라질 같다고들 한다. 세계적인 스타 플레이어를 배출하지만, 세계적인 리그는 브라질이 아닌 유럽에 있다. 브라질에서 축구는 어릴 때부터 접하는 국민 스포츠지만, 리그 운영만큼은 핵심을 주도하지 못했다.

한국은 E-스포츠 강국이라고 자평하고, 세계적인 인정도 받고 있지만 리그 운영에서 정말 강국이 되려면 새로운 돌파구를 찾아야 한다.

2. 호모 루덴스

호모 루덴스Homo Ludens는 '호모 사피엔스(생각하는 인간)' 연결선상에서 나온 말로 '놀이의 인간'으로 해석된다. 이 단어에 대한 생각이 많아서 아침마다 라틴어 어원을 공부하다가 재미있는 것을 깨달았다.

'루덴스'의 직접적인 영어 표현은 없지만, 'sport, play, school, and practice'와 같은 의미로 풀이할 수 있다 ('Ludens' has no direct equivalent in English, as it simultaneously refers to 'sport, play, school, and practice'). 이 단어들은 명사와 동사로 동시에 해석할 수 있다.

게임이 품고 확장해야 할 산업 영역이 이미 라틴어 어원에 나와 있었다!

사내 다이어트 배틀

회사에서 다워(다이어트워)라는 이벤트를 한 적이 있다. 체지방률 감소 배틀인데 역시 여러 사람의 경쟁과 협력이 효과가 있다. 1등 상금에 200만 원을 걸었더니 다들 정말 열심히 한다. 부수적으로 이러한 과정을 통해 그동안 잘못 알던 다이어트에 대한 여러 이론을 다시 생각해 보는 시간이었다.

몸무게 100킬로그램에 체지방률 36퍼센트 보유자의 다이어트 방법과 57킬로그램에 체지방률 25퍼센트 보유자의 방법이 같을 수 없는데 보통은 후자에 근거한 다이어트 방법론에 정보가 집중되고 있다. 캐릭터에 따라 각각 다른 퀘스트가 존재해야 한다.

몸무게를 중심으로 페르소나를 분류하고 그에 따른 적절한 퀘스트가 다르게 부여되어야 한다. 그 퀘스트를 수행하기 위해 사냥터에 관한 최적 효율의 정보 교류가 일어나야 한다.

100킬로그램대 몸무게에 36퍼센트 체지방률 페르소나에게는 운동보다는 무조건 식단이다. 오히려 운동은 내가 무엇인가 노력했다는 쓸데없는 안도감만 안겨줄 뿐이다. 물론 도움이 되겠지만 PK Player Killing (게임상에서 다른 플레이어를 죽이는 일)당할 확률이 높은 사냥터에서 굳이 퀘스트를 수행할 필요가 없다. 초반 레벨업은 닥사!

이러한 게임의 기본 요소인 경쟁, 협력, 퀘스트, 보상과 같은 요소를 다이어트와 접목할 수 있다면, 조금 더 게임이 건강과 가까워지고 산업의 영역이 넓어지고 게임이라는 학문이 인간을 정신적으로 뿐만 아니라 육체적으로도 이롭게 만들 것이라는 생각을 했다. 곧 이런 세상이 펼쳐지지 않을까 기대한다.

성공작은 있지만 실패작은 없다

게임 산업은 콘솔 시절부터 퍼블리셔와 개발사가 양대 축을 이루며 산업을 지탱해오고 있다. 개발사가 일반적으로 한두 개 게임을 서비스한다면 퍼블리셔는 보통 십여 개가 넘는 게임을 서비스하게 된다. 시장에 던지는 게임의 숫자가 많은 만큼 소위 대박에 이르는 게임도 많다.

퍼블리셔는 10개의 게임을 런칭해서 1개의 게임을 대박 내고 2~3개 게임이 중박이 나면 나머지 게임들이 낸 손실을 메울 수 있다. 이러한 산업 구조가 여러 개발사에게 새로운 게임을 만들 수 있는 기회를 제공하게 되고, 실패의 고통을 분담하고 성공의 과실을 나누게 되는 산업 생태적 의미를 형성하게 된다.

즉, 시장에 성공작을 내지 못한 개발사도 퍼블리셔의 투자를 통해 성공 작품의 과실을 함께 나누는 효과가 있는 것이다.

하지만 최근 모바일 게임 산업에서 퍼블리셔의 입지가 점점 줄어들고 있고, 모바일 퍼블리싱이라는 업태 자체가 위기 상황이다. 공격적 퍼블리싱을 해오며 소싱 경쟁을 함께했던 회사가 퍼블리싱 중단을 선언한 사건을 보며, 이 산업 자체의 구조가 흔들리게 되는 균열의 시작이 아닐까 걱정이 되었다.

웹툰과 웹소설의 게이미피케이션

문화 콘텐츠가 IT와 만나 전 세계의 문화를 선도적으로 변화시키고 있다. 음악은 '아이튠스'라는 유통 플랫폼과 '아이팟'에서 진화하여 현재의 '아이폰'으로, 게임은 구글OS하에서 구글 스토어의 최대 매출 영역을 이루면서 발전하고 있다.

콘텐츠의 힘은 새로운 플랫폼에서 막강한 영향력을 발휘하고 있다. 음악과 게임에 이어 웹툰과 웹소설에 이르기까지 모바일에서 콘텐츠의 영역이 확장되고 있다. 카카오페이지의 전신 '포도트리'를 창업한 이진수(현 카카오

엔터테인먼트 대표이사)가 언급한 '애니팡 하트' 게임을 벤치마크해서, 웹툰과 웹소설의 비즈니스 모델을 설계한 이야기는 게임인으로서 매우 자랑스러운 사례였다.

카카오페이지의 '기다리면 무료'(특정 시간이 지나면 자동으로 1회를 무료로 볼 수 있는 이용권이 발급, 작품별로 무료 이용권 발급 시간은 다를 수 있으며 해당 이용권 사용 후 다시 정해진 기간이 채워지면 무료 이용권 추가로 계속 발급하는 서비스)는 게임에서 따온 방법이다.

이러한 비즈니스 모델은 국내 적용에 머무르는 것이 아니라 일본과 중국에도 진출해 가파른 성장을 거듭하고 있다. 우리의 새로운 시도가 세계적인 비즈니스 모델로 자리 잡고, 우리가 원조라는 자부심으로 자랑스러워할 수 있는 시대가 열릴 것이다.

게임 산업의 외력

1990년대 한국은 변방의 작은 게임 소비국이었다. 하지만 2000년대에 들어 인터넷 네크워크의 발달로 대한민국은 다중 사용자가 동시 접속해 캐릭터 게임을 즐기는 'MMORPG Massively Multi-player Online Role Playing Game'의 강국이 되었다. 또한 'FPS First Person Shooter 게임' 개발의 메카이기도 하다. 2010년대에 이르러 모바일 네트워크는 대한민국 게임 산업을 재도약하게 했고 이는 또 10년의 성장을 가져왔다.

따져보면 대한민국 게임 산업의 성장은 외력의 힘이

컸다. 성격 급한 대한민국 유저들을 대상으로 한 빠른 인터넷과 빠른 모바일 네트워크 환경은 게임 산업에 든든한 외력이 되어주었다.

물론 그 외력을 감당할 내력이 있었기에 발전해왔지만 세계 시장에서 대한민국 게임 산업이 누리는 위상은 단언컨대 엄청난 외력이 컸다고 판단한다. 그러면 다가올 2020년대의 게임 산업은 무엇으로 성장할 것인가?

정말 큰 파도는 비밀이 아니라 뉴스에 다 나온다. 다만 아직은 2000년대와 2010년대를 이끌었던 인터넷이나 모바일 네트워크와 같은 거대한 변혁의 소리는 들리지 않는다. 반면에 게임 산업의 내력이 외부로 팽창하고 있다는 이야기는 일상에서 쉽게 접할 수 있다.

유튜브로 대변되는 영상 콘텐츠의 상당수는 게임 관련 재생산 콘텐츠다. E-스포츠 시장의 관객들은 이미 게임 유저 총량을 넘은 듯하다. 이미 대중문화, 스포츠와 같은 비게임 영역이 게임의 영향권에 들어와 있다.

2020년대의 변화는 세상이 게임에 주는 영향보다 게임이 세상에 주는 영향이 클 것이라고 예상한다. 가장 흥

미로운 순간이다. 이러한 변화는 게임 산업이 더욱 외형을 늘릴 수 있는 기회이며 동시에 더 이상 외부에서 밀어줄 힘이 기대되지 않는다는 점에서 위기이기도 하다.

게임 산업의 내력

한국의 게임 산업은 외력의 도움을 받으며 성장한 만큼, 마치 초등학교 때부터 성적과 등수를 매기며 살아와서 길거리에서 모르는 사람과 운전을 해도 경쟁을 하게 되는 것처럼, 우리 개발진뿐 아니라 대다수의 고객층에도 게임의 핵심 키워드 안에 "경쟁"이 DNA로 새겨져 있다.

개발자 가운데 상당수가 군 출신으로 총기를 다룰 줄 알고 격투 무술의 유단자이기도 하다(별거 아닌 것 같지만 비한국인 개발자들에게 군 출신 개발자의 느낌은 매우 크게 다가온다).

높은 인구 밀도로 초고속 인터넷 인프라를 보급하는 데에도 매우 비용 효율적인 구조를 가지고 있으며, 한국 전쟁 이후 내재된 빨리빨리 문화 덕에 인터넷 속도는 너무나 당연한 가치가 되었다. RPG의 뛰어난 타격감과 FPS의 소름 돋는 피격감이 초고속망을 타고 전달되었다.

이렇게 우리 게임 산업은 알게 모르게 한국전쟁으로부터 이어지는 지정학적인 외력으로부터 큰 영향을 받으며 성장했다. 많은 인재가 게임 산업으로 몰려들었고 내력 또한 강해지면서 세계에 존재감을 드러냈다. 모바일이 등장하기 전, 아니 중국이 등장하기 전 그리고 콘솔이 주춤하는 사이 대한민국은 하드코어 RPG와 FPS를 근간으로 아시아권을 제패했고 세계 최고의 게임 국가로 발돋움하는 듯 보였다. 그렇게 새 밀레니엄을 맞이하며 10년을 성장했다.

전 세계가 인터넷과 모바일 단말기로 연결되면서, 더욱 큰 기회가 왔지만 그 축복은 대한민국보다 중국과 유럽에 내렸다. 그 10년도 훌쩍 넘어 이제 새로운 10년을 기다리고 있다. 아시아에서 일본, 한국, 중국으로 이어지며 게임 산업의 주도권이 확산되었다면, 서구권에서는 미국, 유럽, 동유럽으로 이어진다는 인상을 받았다. 나아가 이제 게임 산업은 기술집약적 산업이 아닌 사실상 노동집약적 산업으로 넘어간 것이 아닌가라는 생각도 들었다. 기존 강국은 '원천 기술과 같은 IP 보유국으로 주도권을 이어가는 것인가?'라는 생각도 든다.

강자에게 결여될 수밖에 없는 절박함이 신흥 국가들에게 보인다. 중국과 동남아를 넘어 동유럽까지, 게임 산업에 내린 20년간의 버프가 끝나고, 전반적인 게임 산업의 구조가 바뀌고 있다. 이제 앞으로의 10년을 위해 한국은, 무엇을 어떻게 할 것인지 끊임없이 답을 떠올려보고 묻고 또 묻는다.

외부에서 아무도 도와줄 수 없을 때가
외형을 늘릴 수 있는 기회다.
동시에 위기다.

위기와 기회는 늘 함께 온다.

카카오의 ESG,
카카오메이커스

당일 배송 시대에 카카오메이커스는 놀랍도록 지루하다. 주문 한 달 뒤에나 배송되기도 하고, 주문자가 기대 인원수에 도달하지 않으면 물건을 못 받을 수도 있다.

모든 이커머스가 빠른 배송을 향해 갈 때 카카오는 슬로푸드처럼 느린 배송을 선택했고, 전략은 제대로 성공했다.

PC 시절부터 언급된 4C(커뮤니케이션과 커뮤니티로 유저를 모으고 콘텐츠와 커머스로 매출을 올리는)에 대한 인터넷 사업구조론은 모바일 세상에서도 그대로 적용된다. 그렇기에 카카오메이커스의 성공 스토리는 카카오 공동체 안에서도 더욱 의미가 크다.

가만히 살펴보면 카카오 공동체는 커뮤니케이션 서비스인 카카오톡으로 시작했지만, 카페 커뮤니티 서비스의 원조인 '다음'과 합병한 뒤, 가장 대중적인 콘텐츠 서비스인 멜론을 인수했다. 그리고 남은 영역인 커머스의 성공 사례는 카카오로서는 또 하나의 축을 의미한다. 4C의 완성을 향해 한 걸음씩 다가가며 더욱 굳건해지리라고 기대한다.

리니지, 유재석,
그리고 유튜브의 공통점

삼성SDS 유니텔 재직 시절에는 '타도 천리안!'을 외치며 경쟁했다. 그런데 유니텔은 천리안을 이기지 못해서 망한 것이 아니다. 정도는 다르지만 게임 산업과 TV를 보면 PC통신 말기 시장과 비슷한 느낌을 받는다.

리니지가 그렇듯, 90년대 말에 주류로 부상한 유재석, 강호동을 비롯한 세대가 아직도 TV의 주류를 이루고 있으며 시청자들도 그들과 함께 늙어가고 있다.

새로운 유저층은 유튜브를 시청하고 그들에게는 유튜버가 유재석이며, TV는 매체가 아닌 기계적인 디스플레이 공간으로 변한 지 오래된 듯하다. 어떤 경쟁을 해야 하는지 경쟁자에 대한 정의를 현명하게 내려야 하는 중요한 시기라고 생각한다.

뒤돌아보면 경쟁자를 찾는 일은 쉽다. "이제 인터넷의 시대가 온다"와 같이 여기저기에서 광고를 한다. 하지만 당시에 우리는 여전히 천리안을 꺾고자 했다. 관성에 의해서. 시대의 흐름을 이해하지 못하는 관성은 회사를 망하게 할 수도 있다.

학생과 사회인의 차이

대학교 3학년 때인가 4학년 때인가. 학교 상담실에서 진로 상담을 해준다고 해서 찾아갔다. 호기롭게 아이큐 테스트부터 하고 나서 다음 날 결과를 보러 갔더니 "학생, 혹시 어제 술 마시고 왔어요?"라고 물었다.

"아닌데요?"

상담실 선생님이 잠깐 주저하시더니 우리 학교 최저 점수가 나왔다며 아이큐가 87이라는 것이다. 그러면 보통 그럴 리가 없다고 반문해야 할 텐데 나는 그 말을 듣고 곧바로 과거의 사건들이 스쳐 지나갔다.

"아, 그래서 내가 그동안 그랬던 거구나!"

한쪽 능력이 부족하면 다른 능력이 발달한다고 하지 않는가. 나는 아이큐가 낮아서 그런지 문제가 이해가 안 될 때가 많다. "그게 무슨 소리지?"라는 의문 덕분에 발달한 능력이 있다. 문제를 쉽게 바꿔버린다. 최대한 문제를 쉽게 재정의한다는 것이다.

학생 때는 문제를 바꿀 수 없지만, 사회인이 되어서는 편한 대로 문제를 바꿔도 되었다. 아니, 오히려 문제를 쉽게 바꾸니 답도 쉬워지고 함께 답을 푸는 사람들도 문제를 쉽게 이해할 수 있게 되었다.

돌아보면 학생 때와 사회인일 때 가장 큰 차이를 이렇게 정의할 수도 있다. 학생 때는 답이 어렵고, 사회인일 때는 문제가 어렵다. 하지만 학생 때의 관성으로 답만 찾다 보면 문제를 풀기 어려워진다.

우리는 각자 주어진 능력에서 문제를 해결해야 하고, 자신의 역량에서 풀 수 있는 답으로 문제를 재정의하는 것이 매우 중요하다. 다음은 영화 〈올드보이〉에 나오는 대사다.

오대수: 15년 동안 나를 가둔 이유가 뭐냐?

이우진: 아니지, 그렇게 질문하면 안 되지. 15년 동안 왜 가
뒀느냐가 아니라, 왜 15년이 지난 지금 나를 풀어
줬느냐, 이렇게 질문해야지.

어디 어디 출신이라는 말

회사는 언제나 성장에 성장을 거듭한다. 인수나 합병이 이루어지기도 하고, 신규 사업이 추진되기도 하고, 때로는 마침표를 찍기도 한다. 분명한 점은, '함께 일한다'는 것은 한 시절 하나의 출발점에 들어서고, 한자리에 모여 일한다는 것이다.

카카오게임즈 대표를 맡게 되었을 때, 어쩌면 시작의 순간에 적절하지 않을 수도 있는 '출신'이라는 단어를 언급하면서 조금 고민이 되기도 했다. '출신'이라는 말은 이미 그 회사를 떠났다는 말이기 때문이다.

하지만 그 말은 또한 앞으로 평생 따라다닐 또 다른 이름이자 지워지지 않을 징표다. 조직을 떠나더라도 그 회사의 태그는 언제나 함께한다. 그래서 태그가 매우 중요하다. 자신의 태그가 자랑스러워야 한다.

자랑스러운 동료, 자랑스러운 회사 출신이라는 태그가 되길 바라며, 자리를 떠나더라도 업계에서 든든한 출신들이 된다는 마음가짐은 생각보다 힘이 세다.

그리고 한 가지 더. 바라보고 목표하는 미래도 중요하지만, 목표에 도달하는 순간 옆에 있는 사람이 지금과 당연히 다를 수 있다. 그래서 꿈, 미래, 목표보다도 '현재'가 중요하다. 나는 꿈에 도달하는 '과정'이 목표보다 중요하다고 생각한다. 앞으로 전진해 나아가는 지금 이 순간이 행복하고 그 과정이 즐겁기를 가장 희망한다. 그리하여 과정을 함께하는 서로가 소중하고 회사를 떠나서도 꿈에 도달하는 회사의 모습을 응원해줄 수 있는 출신들이 되었으면 한다.

무엇을 중단해야 하는가

일반적으로 혹은 관성적으로 우리는 무엇을 이루기 위해서 어떠한 '행동'을 한다. 하지만 목표를 이루기 위해서 어떤 것을 하지 말아야 하는지에 대해서는 고민이 부족할 때가 많다.

살을 빼기 위해서 운동을 하는 것만큼이나 음식 섭취를 중단하는 것이 중요한 것처럼, 지금 내가 하는 일 중에 무엇을 하지 말아야 하는가에 대한 고민을 해야 한다.

무엇을 중단해야 하는가?

스스로 업무 정의를
내리고 있는가

일에 파묻혀 바쁘게 살다가 어느 날 문득 뒤를 돌아보면 분명히 숨 쉴 틈 없이 일을 해나간 것 같은데, 특별히 내세울 만한 일은 없는 것 같은 느낌이 들 때가 있다. 그래서 스스로 자기 업무에 대한 정리가 필요다. 일은 되도록 알기 쉬운 단어와 한 문장 정도로 심플하게 정리하는 게 좋다.

1. 시간을 내서 자기가 하는 일상의 업무를 하나하나 열거해보자.

2. 개별 업무 간의 연결고리를 찾아보자. 업무의 '맥락'이 보인다.

3. 그 맥락들이 관통하는 하나의 단어를 찾아보자.

4. 그 단어를 설명하는 하나의 문단을 만들어보자.

5. 그리고 회사 차원의 의미를 다시 바라보자. 회사는 이걸 왜 하지? 그것을 위해 어떤 사람들이 무엇을 하지? 그 결과 회사가 얻는 것은 무엇이지?

내가 일하는 것도 중요하지만 주변 사람들이 내가 어떤 일을 하는지 알게 하는 것 또한 매우 중요하다. 정리를 한 뒤에는 주변에 알리자. 자기 혼자 땅만 파다 보면 땅속에 묻혀 내가 어디로 가고 있는지 모르게 되는 경우가 많다. 그래서 내가 어떤 땅을 왜 파고 있는지 되돌아보는 시간은 정말 중요하다.

지금 내가 하는 일 중에
무엇을 하지 말아야 하는가에 대한
고민을 해야 한다.

무엇을 중단해야 하는가?

첫 직장,
삼성그룹 신입사원 연수에서

연수 마지막 주에 '라마드'라고 불리던 일종의 외판을 했다. 삼성시계나 삼성카메라 등의 물건을 하루 동안 팔아오는 일이었다. 나는 여러 물품 중 가격이 비싸면서 무게가 가벼운 시계를 주 종목으로 선택하고, 나름 판매를 위한 전략을 짰다.

갓 대학을 졸업한 이십 대 중반에, 갑자기 인연 하나 없는 대구라는 땅에 뚝 떨어져 어디서 물건을 팔아야 하나 고민하던 차에, 문득 모교 교수님이 같은 가톨릭 계열이던 효성여대(현 대구가톨릭대학교)에 총장으로 갔다는 기사를 본 기억이 났다. 모르는 사람에게는 팔 자신이 없었지만 그나마 인연이라고 생각했던 교수님께 무작정 찾아가 전화를 했다. 지금 생각해보면 너무나도 수준 낮은 기대와 어리석은 생각이었다. 결국 사전 약속이 없어서 뵙지도 못했다.

어떻게 해야 하나 좌절하면서, 사실 잘 알지도 못하던 교수님께 서운함마저 느끼다가 무작정 전혀 모르는 다른 교수님들 방을 두드리기 시작했다. 교육 과정임을 설명하고, 교육 목적으로 시세보다 저렴하게 판매한다는 이야기에 의외로 많은 분이 긍정적인 반응을 보였다. 물건을 사지 않더라도 마치 제자를 대하듯 신입사원을 많이 격려해주셨다.

몇몇 교수님 방문을 통해 아들을 둔 여성 교수님에게 가장 반응이 좋다는 것을 깨달았다. (본인 것과 아들 것 두 개씩 사주셨다!) 그 뒤에는 조교실을 찾아 정보를 수집한 다음 '타깃 고객'을 집중 공략해 목표 수량을 전량 판매할 수 있었다.

사회생활을 하다 보면 위와 같은 서운함을 느낄 때가 많다. 개인적으로 친하다고 생각한 누군가가 나의 일을 도와주지 않을 때는 인간적인 배신감마저 느낀다. 사내에서도 사외에서도 발생하고, 갑을 관계에서는 서운한 상황이 더욱 많이 생긴다.

　　하지만 사회의 냉정함은 개인적인 인간관계에 기대지 말아야 한다는 것을 깨닫게 해줄 때가 많다. 인간관계에 기대면 상대방도 그것을 느끼게 된다. 그리고 이해관계에서는 저마다 손해 보지 않으려고 막연한 계산을 하게 된다.

　　따라서 직장인은, 인간관계보다는 이해관계를 우선해야 하는 사회인임을 잊지 말아야 한다. 서운해하지 말아야 하고, 상처받지 말아야 하며, 기대지 말아야 하고, 이를 당연하게 인식해야 한다.

학생과 사회인의 가장 큰 차이는?
학생 때는 답이 어렵고,
사회인일 때는 문제가 어렵다.

학생 때의 관성으로 답만 찾다 보면
문제를 풀기 어려워진다.

개발 종족, 기획 종족, 디자인 종족

게임 업계에는 오래전부터 전해 내려오는 전설이 있다. 스타크래프트에 테란, 저그, 프로토스 종족이 있듯 게임 업계에는 개발, 기획, 디자인 종족이 있는데 이들은 서로 사용하는 언어가 달라 말이 안 통한다고 한다.

사실 개발, 기획, 디자인은 고등학교 시절로 거슬러 가보면 일반적으로 문과, 이과, 예체능으로 구분될 만큼 역사적으로 다른 본류를 가지고 있다. 어쩌면 사고의 체계가 다른 것이 당연한지도 모른다.

나도 신입사원 시절 기획(PC통신 유니텔 사업기획) 관련 업무를 하면서 개발팀 선배들에게 "그런 기능은 개발 불가"라는 이야기를 많이 들었다. 그래서 나름 직접 해보겠다고 야간 전산 대학원을 다녔는데 어설프게 배우다 보니 내 선에서 안 되는 게 더 많아져서 이건 아니다 싶었다.

시간이 지나면서 더욱 깊어지는 생각은 자기 분야에서 고수가 되는 것이 가장 중요하다는 것이다. 본캐를 만렙까지 키워내고 해당 분야에 최고가 되면 타 종족 언어에 대한 역량도 생길 뿐 아니라 나의 언어를 다른 종족이 이해하려고 노력하는 역사가 일어난다.

그리고 잊지 말 것. 협의가 안 되면 끙끙 앓지 말고 상급자에게 넘기자. 그들의 중요한 역할 중 하나다.

중이 제 머리 깎는다

어느 날 머리를 밀다가 생각난 것이 있다.

"어, 중이 제 머리 못 깎는다더니 깎을 수 있네."

디바이스의 변화와 서비스 환경의 변화는 이렇게 당연한 것들이 당연하지 않게 된다. 신입사원 때부터 선배들에게, 그리고 대표이사가 된 다음에도 자주 듣는 이야기가 있다.

"아, 그거 예전에 기획했는데, 드롭됐어."

"아, 그거요. 예전에 하다가 이러저러해서 중단됐습니다."

과거에 중단되었는데 다시 언급된다면 그만큼 발상이 좋다는 방증이기도 하다. 과거에 중단되었다고 해서 지금 다시 시작하지 못할 일이 아닌 경우도 많다. 시대의 흐름에 따라 그때는 틀렸지만, 지금은 맞을 수 있다.

과거에 나왔던 이야기라도 부정적인 선입견 없이 지금 시장 상황에 빗대어 재검토하는 것이 필요하다.

회사 레벨별 스킬트리

주니어급 — 근면 성실 탱커, 창의적인 법사, 동작 빠른 어쌔신, 조화로운 힐러 등 자신만의 캐릭터성을 확보해 강점을 강화하는 데 중점을 두지만, 적어도 약점이 무엇인지 인식하고 있어야 함.

시니어급 — 자신의 본캐가 탱커라면 부캐가 힐러가되는 등 자신의 강점 주 캐릭터는 만렙을 찍어놓아야 하며, 부족한 점은 부캐로 성장시켜 약점을 보완해야 함.

팀장급 — 솔로잉 닥사용 캐릭터를 파티 플레이에 최적화된 캐릭터로 스탯(능력치)을 다시 찍어야 한다. 스탯을 추가하는 정도가 아니라 다시 찍어야 한다. 의외로 여기서 스탯 다시 찍는 걸 제대로 못해서 안타깝게 성장이 멈추는 경우를 종종 본다. 스탯 한두 개 추가하면 되는 줄 알고 원래 하던 대로 하다가는 욕먹다가 지친다. 그냥 시니어로 돌아가고 싶겠지만 이미 늦었다. 빽섭은 없다.

실장급 — 팀장직 하나는 겸직해도 될 정도로 한 분야의 전문성을 스스로도 유지해야 하고, 주위 동료들도 인지하고 인정할 정도로 여전히 에지Edge가 살아 있어야 한다. 이 직급이 정말 애매한데, 잘못하면 자기 역할 못하고 위아래 눈치만 보게 된다. 정신 바짝 차리지 않으면 번번한 무기 하나 없이 물만렙 캐릭터만 여러 개 가진 너프된 발컨 플레이어를 발견하게 될 수 있다.

본부장급 — 공대장이다. 게임 내 존재하는 모든 캐릭터의 스킬을 이해하고, 공대원들 각각의 컨트롤 역량을 파악하고 있어야 한다. 전투 시에는 공대원 개개인의 피, 마나 등을 살필 뿐 아니라 전투 후 개인별 기여도, 보상템 분배까지 챙겨야 한다. 뿐만 아니라 다른 공대의 실적, 다른 서버의 상황까지 체크해야 한다. (그런데 계약직 된다.)

대표급 — 성주다. 무력, 지력, 매력, 정치력, 외교력 등을 보유하고 연마해야 하며, 기본적으로 공대장 스킬을 다 보유해야 하고, 추가로 겁나게 운이 좋아야 한다. 하지만 운을 맞이할 준비를 하고 있어야 하고, 운 근처에 서성이고 있어야 하며, 운이 어디로 지나갈지 예상하며, 때로는 실수인 듯 때로는 예상한 듯 크게 작게 얻어걸려야 한다.

평가와 보상 그리고 우리의 '업'

게임의 모습과 기업 조직의 모습을 보면 많은 부분이 닮았다. 어쩌면 인생이 하나의 롤플레잉게임RPG과도 같다는 생각이 든다. 조직에 들어가 신입이 되면 설렘이 앞서 뭣 모르고 이 몹 저 몹 잡으면서 어리바리 보스몹 건들다 즉사하기도 하고, 때로는 별것도 아닌 아이템을 득템하고 기뻐하기도 한다. 명함이 나왔다는 것만으로도 기쁘고, 퀘스트 보상은 매달 통장에 자동으로 입금된다.

그러다 어느 정도 무념무상의 노가다로 2~3년 차가 되고 나면 레벨업의 길은 멀고도 험하다는 걸 느끼게 된다. 나는 언제 레벨업해서 팀장 되고, 임원 되고, 대표 되나? 내가 만렙은 찍을 수 있을까? 그냥 접고 딴 게임할까? 저거 재미있어 보이는데…… 갈등과 혼돈의 시기가 오기도 한다.

인사제도가 발달하면서 조직은 더욱더 게임과 비슷해져간다. 'L1, L2…… L7' 레벨업하고, 경험치 획득을 위해 끊임없는 노력과 지속되는 퀘스트……! 게임도 조직도 참여한 사람들을 끊임없이 경쟁시키고, 경쟁에서 앞서가는 사람에게 보상하는 방식이 크게 닮았다.

하지만 아이러니하게도 현실 세계의 인사가 게임보다 더욱 불합리해 보인다. 합리성을 갖추기 위해 선진 인사 시스템을 도입해 적용하지만 사람이 하는 일이라 평가와 보상을 하다 보면 항상 불만족하는 사람들이 생긴다.

그렇지만 나의 경험을 뒤돌아보면 보상이란 꼭 인사 시스템에서만 지급되는 금전적 보상이 아니다. 일에 대한 애정과 원활한 커뮤니케이션으로 주위에 쌓여가는 눈에 보이지 않는 소위 '평판reputation'이라는 무형의 가치가 더욱 큰 보상이란 것을 깨닫게 된다.

그리고 꼭 누군가가 부여하는 보상이 아니라 자기가 재미있게 일하면서 스스로 만족해하는 '일하는 재미'야말로 사실 가장 큰 보상이 아닌가 생각한다. 물론 일한 만큼 바로 성과가 나오고 보상이 이어지면 가장 좋겠지만, 꼭 성과처와 보상처가 동일하지는 않다.

인사 시스템에서 노력에 대한 보상이 완벽하고 공평하게 이뤄지도록 하는 것이 인사제도를 연구하는 분들의 최종 목표일 것이다. 하지만 어떠한 시스템이 도입되더라도 개개인의 자기 평가와 조직의 평가가 일치되기란 매우 어려운 일이다.

리더들은 무거운 마음으로 평가를 해야겠지만, 그렇다고 일시적인 인사 시스템의 평가에 너무 흔들리지 않았으면 한다. '업'이라는 틀에서 보면, 일에 대한 열정의 향기는 일시적인 평가로 결코 가려지지 않는다.

바라보고 목표하는
미래도 중요하지만,
목표에 도달하는 순간
옆에 있는 사람은
지금과 당연히 다를 수 있다.

꿈, 미래, 목표보다도
'현재'가 중요하다.
꿈에 도달하는 '과정'이
목표보다 중요하다.

2018년 9월의
카카오톡 업데이트

카카오톡 업데이트를 하고 충격을 받은 날이 떠오른다. 사라진 컬러, 당혹스러운 하단 배치, 변화는 혼란스러웠다. 하지만 사용하면서 나의 인식은 곧 바뀌었다. 한마디로 이야기하자면 사용 편의성의 혁명이었다.

카카오의 주요 계열사 대표라도 업데이트를 통해서야 새로운 UI를 접해볼 수 있어서 당시 객관적인 평가를 할 수 있는 상황이었다는 것을 강조하고 싶다.

우리는 PC 시대를 넘어 모바일 시대를 맞이한 지 이미 오래되었지만 UI 방식은 여전히 PC 시절에 머물러 있었다. 모바일 시대로 바뀌면서 크게 변화한 것 중 하나가 인풋 디바이스Input Device와 아웃풋 디바이스Output Device가 통합되어버렸다는 것이다.

우리가 쓰는 모바일 장비의 화면은 입력장치이자 곧 출력장치가 되었는데 배치 형식은 기존 모니터에서 익숙했던 출력장치 중심의 정렬을 답습해왔다. 뿐만 아니라 작아진 화면에서 모든 정보가 한눈에 보임에도 큰 모니터에서 보여주던 방식을 그대로 적용해왔던 것이다. 그러다 카카오톡 8.0 버전은 이러한 출력장치 중심의 UI를 입력장치 중심으로 변화해 모바일 시대의 혁신적인 도전을 감행한 것이다.

과거 우에서 좌로 글을 읽던 시대에서 좌에서 우로 변화한 것만큼 큰 변혁이라고 생각했다. 인쇄물을 모니터로 옮긴 과거 시대의 산물, 위에서 아래로 좌에서 우로 흘러가는 시각을 현시대에 맞춰 입력장치를 쥐는 손가락 위치인 하단으로 중심축을 이동했다. 세상의 변화를 주도하는 일을 한다는 것의 의미를 되새기며 동시대 동료들에게 박수를 보낸다.

딴따라 게임인

BTS 공연 관련 뉴스를 보면 한국인은 종족 특성을 예능력으로 보유하고 있음을 더욱 확신하게 된다. 온 국토를 폐허로 만든 한국전쟁 이후에 한 세기도 지나지 않아 전 세계에 한국 예능의 맹위를 떨치고 있으니 말이다.

하지만 유교 사상이 뿌리 깊은 대한민국에서 예능인에 대한 보편적인 인식은 어쩔 수 없이 딴따라일 뿐이었다. 음악인에게 먼저 그러했으며, 이후에 만화가 겪었고, TV 또한 바보상자로 불리며 차별과 멸시의 역사를 관통했다.

세상을 즐겁게 해주고 위로해주던 예술이 (잘못 해석된 유교적 가치관에서) 입신양명에 도움이 되지 않는 것으로 평가 절하를 받아왔지만 이제는 현실 세계에서도 미래에도 한국인의 예능적 '종특'을 어떻게 살려나가는지가 입신양명에 가장 큰 도움이 될 것이라고 확신한다.

아래는 국어사전에서 딴따라를 검색한 결과다. 예문이 참 절묘하다.

딴따라 「명사」 '연예인'을 낮잡아 이르는 말.

: 부모님께서는 딴따라가 된다고 연극영화과 지원을 극구 반대하셨다.

완벽한 호모 루덴스, 카카오VX

루덴스Ludens의 어원에 담긴 'sport, play, school, and practice'라는 뜻만큼 카카오VX를 잘 설명할 수 있는 단어는 또 없을 것이다. 카카오VX는 골프라는 '스포츠', 그를 좀 더 저렴하고 대중적이면서 재미있게 '즐기는' 스크린AR, 골프채가 아닌 수건으로 강의를 시작하는 마음골프'학교', 그리고 실전 골프 역량 향상을 위한 피팅 사업과 영상을 이용한 '연습' 기능을 주요 사업 포트폴리오로 가지고 있다.

이러한 본질을 보유한 마음골프가 카카오와 만나 카

카오VX가 되면서 무엇이 달라졌을까? 거꾸로 보면 왜 인수했는가의 답에는 '대중'이라는 키워드가 있다.

카카오가 모바일 게임 사업을 시작하기 이전 모바일 게임 시장은 대중과는 다소 괴리가 있는 '그들만의' 영역이었으나 애니팡을 필두로 전 국민 5명 중 1명이 하루에 해당 게임을 즐길 만큼 '대중화'를 가져온 것이 바로 카카오 플랫폼의 역할이었다.

'왜 골프가 AR 사업과 잘 맞았는가?'를 돌아보면 그만큼 골프가 대중적이지 않은 '한계'가 있었기 때문이다. 그 한계를 IT 기술을 통해 극복해나가고 있다.

대한민국 사람이라면 유독 재미있게 즐기는 게임이지만, 대중적이지는 않았던 골프라는 스포츠는 '애니팡 for kakao' 이전의 모바일 게임 시장이 가졌던 비슷한 장점과 한계를 지니고 있었다. 이러한 시장 환경에서 카카오VX는, 호모 루덴스의 가치가 십분 발현되어 일차적으로는 골프라는 스포츠의 대중화, 이차적으로는 AR 근간에 직접 즐기는 E-스포츠의 확장으로 이어져 게임 산업의 중요한 한 축으로 성장해 나아갈 것이다.

3장

중니어 레벨

: 누구나 매니저가 되어야 한다

점심시간에 리모트로 콘솔에 접속해서 사무실 노트북으로 몬헌(몬스터 헌터 게임)을 즐기던 직원을 보고 묘한 감정이 들었다. 상대적으로 내 덕력이 소멸되었음을 느끼며 불안해진다. 이제 게임을 열심히 하지도 않고, 미쳐서 하는 게임도 없다. 게임을 공부해야 하게 생겼다.

과거 한게임 임원회의 시절에 노트북을 켜고 몰래 라그나로크 상점에 올려놓은 물건 팔렸나 확인하던 그 시절이 오히려 게임사 임원의 바른 자세가 아니었나 싶다.

사냥, 의식주 그리고 인사

인간의 역사와 전통을 뒤돌아보면 현재와 미래를 단순화해보고 본질을 깨닫게 하는 장점이 있다. 현대의 기업은 부족국가 시대의 사냥과 같다는 생각이 든다. 보다 큰 먹잇감을 함께 사냥해 나누고 의식주를 해결하는 데 인간의 본질적인 필요가 존재한다고 본다. 달리 말하면 우리가 회사에 출근하고 기업 활동을 영위하는 필요충분 조건이라고도 할 수 있다.

의식주에 대한 필요는 현대 사회에서 조금씩 의미가 달라지면서 어느새 '연봉'으로 모든 것이 귀결되는 것 같지만, 우리 내면에는 여전히 의식주가 잠재되어 있다고 본다.

인사제도에 비추어 보면, 간식을 챙긴다거나 시즌별로 옷을 준비한다거나, 업무 공간과 휴게 공간, 콘도 등에 깊은 의미를 두는 것도 이러한 배경에서 나오는 것이 아닐까 한다. 내가 몸담은 조직에서도 인간의 본질적인 필요를 늘 고민하고, 또 많이 충족해주고자 한다.

실리콘밸리의 창업가들

NHN USA 법인장 시절, 구글이 위치한 마운틴뷰(실리콘밸리)에는 스타트업으로 가득했다. 인근에서 일하는 스타트업들을 만나서 이런저런 이야기를 나누다가 다소 충격적인 인식 차이를 느낀 적이 있다.

창업 이후 꿈이 무엇인지 물었는데, 의외의 대답들이 나왔다. 많은 이가 구글에 인수되는 것이 꿈이라고 했다. 구글과 함께 더 큰 꿈을 꾸거나 아니면 또 창업을 하겠다고 했다. 당시에는 어떻게 창업가의 꿈이 회사를 파는 것이 될 수 있을지 의아했고, 내심 한심하기까지 했다. 지금 생각해보면 문화의 차이도 있겠지만 기업 존속의 다양성에 대한 내 부족한 인식에서 기인한 것이다.

지금은 그들의 '꿈'이 너무나 이해가 간다. 카카오와 같은 스타트업 출신 기업들이 성장한다는 것은 그들의 성장만을 의미하지 않는다. 카카오는 수많은 회사에 투자하고, 그들이 성장할 수 있는 원동력을 주었다.

내가 대표로 있는 엔진(카카오게임즈 전신)과 같은 회사에 투자를 하면, 그 투자 한 건으로 끝나는 것이 아니다. 엔진이 또다시 10여 개의 개발사에 투자하고 수십여 개의 퍼블리싱 계약을 통해 다른 게임사들에 성장을 수혈하게 된다.

이러한 성장의 나눔은 기존 전통 기업이 계열사를 설립하고, 계열 확장을 하는 방식과는 성장 및 확장의 법칙 자체가 다르다. 스타트업의 강점, 스타트업의 '작은' 아름다움을 이해하는 스타트업 출신의 회사들은 또다시 스타트업에 투자하며 이 생태계의 지속적인 생존과 성장의 순환을 만들어간다.

스타트업 출신 기업들이
성장한다는 것은 그들의 성장만을
의미하지 않는다.
투자는 또 다른 성장으로,
성장은 나눔으로 확장된다.
생태계의 지속적인 생존과
성장의 선순환이다.

그래서 어떤 창업가들의 '꿈'은
회사를 파는 것이다.

물론 독자적으로 성장하여 스스로 큰 산이 되는 것도 멋있지만, 다른 산과 동참해 산맥을 만들어가는 과정도 스타트업이 성장하는 탁월한 방법론일 것이다.

업무 패턴과 출퇴근 유연제

"월요일 12시 30분 출근, 금요일 4시 30분 퇴근"

게임인재단(현 미래콘텐츠재단)은 출범 당시부터 오전 10시 30분 출근, 금요일은 오후 4시 30분 퇴근 제도를 시행했다. 하지만 막상 해보니 금요일 4시 30분 퇴근이 지켜지기는 힘들었다. 여전히 주어진 업무를 마감해야 하는 시간에 여유가 없다 보니 대부분 추가 근무를 했다. 그래도 주 5일 근무만은 지켜왔다.

게임 업계는 다른 업종과 분명 다른 업무 패턴을 보인다. 특히 모바일 게임 플랫폼의 확대는 게임 라이프 사이클에도 변화를 가져왔고, 이는 일하는 라이프 사이클에도 영향을 주었다.

잦은 야근뿐 아니라 아침이 올 때까지 서비스는 돌고 있는데 서버가 뻗었다면 개발·기획·운영 사업 모두 너나없이 밤새 함께 지켜봐야 했다. 그래서 월요일 출근 시간만이라도 여유 있게 보내면 어떨까 하는 생각을 했고 한 주의 시작을 월요일 오후 12시 30분 출근으로 시도해본 것이다.

운영해보면서 장단점을 공유하고 단점보다 장점이 많다면 적극적으로 권장해나가고, 다른 업계가 부러워하고 취준생들이 꿈꾸는 게임 업계의 독특한 인사제도로 발전했으면 하는 마음도 있었다.

행동은 작고 쉬운 것부터

10여 년도 더 된 이야기다. 한 호텔의 회의실에서 게임 업계 대표들과 협회장이 모두 모였다. 대한민국의 청소년을 걱정하는 단체에서 게임 업계를 예의주시한다는 주제였다.

그때부터 이상한 느낌이 들었다. 청소년 문제가 게임 때문일까? 게임은 단지 표출되는 창구이고, 원인은 따로 있지 않을까? 그 뒤로 극단적인 사례가 언론에 보도되었고, 통계학적으로 의미를 둘 수 없고 인과관계도 증명되지 못한 많은 범죄의 원인으로 게임이 기소되었다. 결국 그 죄명으로 '셧다운제'가 발의되며 설마 했던 법안이 통과되었다.

당시만 해도 순진한 게임 업계는 '그래, 이런 말도 안 되는 법안을 수용했으니 더 이상 우리를 괴롭히지 않겠지'라고 생각했다. 나 또한 포함된다. 하지만 규제는 멈추지 않았고, 아직도 진행 중이다(모든 게임에서 심야 시간에 게임 제공을 제한한 '강제적 셧다운제'는 현재 폐지되었고, 부모나 보호자가 게임사에 요청해 자녀의 결제 내역과 이용 시간을 확인하고 자녀의 게임 이용을 제한할 수 있는 '선택적 셧다운제'로 개편 적용하고 있다).

급기야 게임은 마약과 동급으로 취급되는 '4대 중독'에 포함되기도 했다. 정말 그럴까? 게임은 나쁘다는 이야기를 계속 듣다 보면 나조차도 '나쁜가? 그래 뭐 나쁜 점도 있겠지?' 하는 생각이 들어 섬뜩하기도 했다. 업계에 책임감을 가지고, 단면의 논리에 휘둘리지 않고자 결심한 계기이기도 하다.

무엇이든 과하면 나쁘다. 산소마저도 과하면 나쁘고, 물도 과하면 나쁘다. 극단적인 케이스를 일반화하면 안

된다. 문화 산업의 면모를 스스로 증명하기로 했다.

　행동은 작고 쉬운 것부터 시작했다. 게임인들이 스스로 산업의 강점을 인지하고 학습하고 있어야 한다. 간단 명료한 이야기로 스스로 무한한 가치와 무궁무진한 가능성을 이야기해야 한다. 우리 산업뿐 아니라 유저들과 함께해야 한다. 게임을 사랑하는 대중과 함께 아름다운 가치를 이야기하고자 직접 영상을 만들기도 했다. 그렇게 조금씩 인식이 나아져갔다.

공부 못하면 기술이라도 배워라?

지금 들으면 웃을 이야기다. 이제는 기술이 대세다. 그런데 업계 성장 초기만 해도 재미있는 일화가 많았다. 한번은 대학 시절에 서로 미팅도 많이 주선해주곤 하던 사촌을 10여 년 만에 만났는데, 경제적으로 여유로워진 나를 보더니 약간 질투하는 말투로 "내가 너보다 공부 잘하지 않았냐?"라고 너스레를 했다. 별 의미 없이 던진 말이겠지만 대한민국 사회가 사람을 바라보는 잣대가 여전하다고 느껴져 씁쓸한 생각을 지울 수 없었다.

개인의 강점은 여러 가지가 있을 텐데, 청소년 교육

은 여전히 주입식에 맞는 학습 능력만을 높이 산다. 사교육 시장은 더욱 팽창해 집안 사정이 어려운 학생들은 기회의 폭이 좁아진다. 그마저 대졸 인력의 포화로 고졸로는 편의점이나 주유소 알바를 전전하며 살아갈 수밖에 없는 구조가 되어버린 지도 오래다.

그런데 게임 산업은 대한민국의 여러 산업군 중에서도 학력이 크게 중요하지 않다. 오히려 많은 직군에서 게임에 대한 이해와 애정 그리고 인성 등이 직무 역량에 더욱 중요하다. 실제로 고등학교 졸업만으로도 유망한 산업 현장에 뛰어들어 어엿한 사회인이 될 수 있는 길이 존재하는 것이다.

심지어 게임의 세계 시장 수출은, 게임 운영 인력에 대한 수요로도 이어지고 있다. 인도네시아처럼 한국 사람들이 주축을 이루는 회사가 현지 1위의 게임사이기도 해서, 해당 게임의 운영 경험만 있다면 해외 취업의 길까지 열려 있다.

이렇게 유망한 게임 산업에 보다 관심을 기울인다면, 게임은 교육을 망치는 놀이가 아니라 새로운 교육의 방향성으로 삼아야 할 중요한 분야가 될 것이다. 3D(증강/가상 현실, 프린팅), IoT(사물인터넷), 게이미피케이션으로 이어질 미래 기술의 핵심으로 인지할 때다.

카카오택시 파이팅!

나는 송추방위사단 보급수송대에서 5/4톤 통신박스 카 운전병이었다. 이때 만난 인연들은 정말 독특했다. 그들은 대부분 사회에서 트럭, 버스, 구급차 등의 운전사 출신이었다. 나는 외국에서 살아 십 대 때부터 운전을 하는 바람에 경력을 인정받았고, 사실상 신청만 하면 다 주던 국제운전면허증 소지도 당시에는 생소하다 보니 '엄청난 운전자'로 보여 "쟤 팀스피릿 때 보내야 한다"라며 운전병으로 차출됐다.

그때의 인연으로 전역 후 복학하고 첫 방학을 '택시

운전사'로 보냈다. 여러 이유가 있었지만 해외에서 한국으로 돌아와 접한 첫 만남도 택시였는데, 그것은 문화 충격이었다. 어쩌면 이렇게 무서우면서 불친절할까? 내가 택시 운전을 시작한 이유 중 하나는 그 불친절의 본질이 궁금했던 이유도 컸다.

나의 택시 생활은 버거웠다. 서울 지리를 잘 몰라 욕 먹기 일쑤였고, 어디에 손님이 많은지 몰라서 빈 차로 다니는 일이 많았다. 밥 먹으러 가려고 하면 손님이 탔고, 결국 식사를 포기하고 오후 3시부터 새벽 3시까지 주스 2개로 버틴 날도 많았다. 욕먹는 건 다반사, 일부러 요금 많이 나오게 하려고 돌아왔다며 돈 안 내고 가버리는 승객, 운전석 옆 동전을 넣어두던 박스에 토하는 또래 대학생, 집을 못 찾는 취객도 부지기수였다.

월급제 기사에게는 하루에 회사에 내야 하는 사납금이 있다. 당시 58000원이었는데 종일 열심히 일하면 밤 11시 정도에 그 정도가 모인다. 이후로 버는 돈은 다 내 돈이다. 그래서 그 시간부터는 더 미친 듯이 다녔고 나도 모르는 사이 불친절한 택시기사가 되어 있었다.

택시 운전을 하면서 여러 문제의식을 느꼈지만 가장 큰 문제로 요금 체계가 불합리하다는 점이었다. 손님이 도착하는 지역과 거리에 따라서 때로는 택시기사가 유리하고 때로는 손님이 유리하며 그 갭이 너무 크다는 것이 가장 큰 문제였다. 택시기사는 어떤 손님이 타든 어느 곳을 가든 같은 기댓값을 얻지 못한다면 더 큰 이익을 주는 손님을 선호할 수밖에 없고, 그렇지 않은 손님은 거절하고 싶게 되고, 급기야 승차 거부 사태가 벌어지는 것이다.

카카오택시의 출범은 매우 신선하게 다가왔다. 이제 길을 몰라도 운전이 가능해지고, 택시가 돌아갔네 어쩌네 하는 시비가 없어졌으며, 결정적으로 빈 차로 다니는 시간이 엄청나게 줄었을 것이다. 그리고 운전만 할 줄 알면 누구나 택시 운전사가 될 수 있는 시대가 열렸다.

이러한 상황이 젊은 택시기사를 많이 배출할 수 있는 구조로 변화했을 것이라고 단언한다. 과거에 택시 면허시험장에 가면 택시 회사들이 잔뜩 몰려와 있었다. 채용을 위해 진을 치고 있는 것이다. 그만큼 인력이 부족한데, 최근에는 많이 개선되었을 것으로 생각한다.

이 점이 택시 서비스 품질 향상에도 큰 변화를 가져오리라 생각한다. 택시 운전이라는 업이 더욱 할 만한 일이 되고, 그 일을 하고 싶어하는 사람이 많아져야 서비스의 품질이 개선될 것이다.

카카오택시에서 시도한 새로운 요금제도 긍정적인 효과를 나타낼 것으로 기대한다. 손님에 대한 기댓값이 평균치에 수렴할 때 기사들도 어떤 손님이 타든 똑같이 친절하게 대할 수 있을 것이다. 아무튼 카카오택시 파이팅! 택시기사님들 파이팅!

라면의 힘

1998년 IMF 시절, 멀쩡한 삼성SDS 2년 차에 별다른 계획도 없이 회사를 그만두고 월 17만 원을 내면 쓸 수 있던 정부 지원 사무실에서 책상 세 개 놓고 앞으로 무슨 사업을 할 것인가 혼자 대책 없이 궁리하던 때.

지금은 추억이지만 점심시간에 잠깐씩 했던 고민이 가끔 떠오른다. 1500원짜리 라면 사 먹을까, 1200원짜리 라면 사 먹을까? 1500원짜리에는 김치가 나왔고, 1200원짜리에는 단무지가 나왔는데, 그 쉽지 않던 300원짜리의 의사결정.

엔진을 시작하면서 라면기계를 사들였다. 처음에는 다들 컵라면이면 충분하다고 이야기하다가 나중에는 너무 맛있다며 야근의 꿀아이템이 되었다. 야근의 스트레스와 배고픔을 달래주던 그 라면.

한국 사람들에게 라면은 음식 그 이상의 가치를 지니는 것 같다. 취향에 상관없이 모두가 좋아하고, 가볍게 즐기면서 만족도가 높은 음식. 〈응답하라 1988〉의 한 장면에서 친구들과 모여 맛있게 먹던 라면의 추억, 라면은 친구들과 경쟁하며 먹는 게 가장 맛있지 않았나 싶다.

그래서 게임인재단에서 라면을 선물하고 싶었다. 자회사에 라면기계를 선물하기도 했다. 작은 일이지만 일하는 사람들이 행복해하고 외부에서 부러워하는 댓글을 보면서, 행복을 더 나누고 싶었다. 재단에서 하는 일 가운데 자랑할 만한 사례다.

CEO라는 직업은
고대 부족국가 시절의
추장과 같다.

추장의 행복은 부족원들에게
의식주를 나누는 것이다.

모든 직원은 가장이고,
최고경영자는
그들의 가정과 삶을 위해
가장 크고 좋은 먹잇감을
사냥하러 나선다.

실시간 매출 체크

20년 지기 동네 친구와 오랜만에 저녁을 먹었다. 자꾸 매출 체크를 하는 나에게 뭐 하느냐고 묻기에 매출 본다고 하니, 24시간 돈 벌어서 좋겠다고 부러워한다. 사실 24시간 돈 벌던 시절이 있었지만, 과거의 영광이다. 요즘 시대에는 너무 피 말린다.

'음양사 for kakao' 게임이 iOS 매출 5위 안에 올랐다는 기사가 난 적이 있다. 물론 기분 좋은 일이다. 하지만 학생으로 치면, 시험을 보는데 그 시험 성적이 전국에 공개되고, 시험이 24시간 이어지며, 순위가 올라가면 올라가는 대로, 내려가면 내려가는 대로, 언론을 통해 순위 변동이 전국 학생과 학부모에 알려지는 격이다.

상위권 하위권 모두 각자의 기준대로 피가 말린다. PC 시절 각자 자기의 싸움을 하던 때와 달리 업계 모두와 경쟁해야 하는 현실이 매우 고통스럽다. 특히 사업 오픈 시기에는 자다 깨면 매출을 보고, 매출을 보기 위해 자다 깬다. 매출 숫자에 얽매여 더욱 중요한 유저의 목소리에 귀 기울일 여유를 갖지 못하게 된다.

업계 내 진정한 승자가 보이지 않는 이 경쟁, 이 시험, 그리고 전국에 공개되고 중계되는 성적표. 끊임없이 수능을 앞둔 고3이 된 기분이다.

조삼모사 재정의하기

아침에 세 개, 저녁에 네 개. 조삼모사는 잔꾀로 남을 속이는 것을 비유하는 말이다. 사전에는 조삼모사를 '잔 꾀'로 설명하고 있지만 사업을 하고 조직을 운영하면서 다른 시각으로 보게 되었다. 어쩌면 사업과 조직 운영에서 항상 필요한 고민이 아닌가?

우리에게 주어진 한정된 수량의 자원을 어떻게 쓸 것인가에 따라 상대방이 만족할 수도 있고, 그렇지 않을 수도 있다. 아침과 저녁에 똑같이 배가 고픈 것이 아니기 때문에 원숭이가 단순한 것이 아니라 제안자가 니즈를 명확히 파악하고 한정된 예산으로 적절한 재배치를 통해 만족할 만한 제안을 해내야 하는 것이다.

물론 매우 단순화한 비유지만 사업과 조직 운영에 관해 고민하게 되는 이야기다.

프로게이머의 결정적인 역량

게임 중독은 게임의 장점을 축소하는 잘못된 말이다. 이미 문화산업의 중심축을 담당함은 물론이고, UI와 UX 측면에서 최첨단을 걷고 있다.

프로게이머들의 정교한 조정 능력, 상황 파악 능력 등은 미래 군사 전략 수행에도 큰 역할을 담당할 것이라고 생각한다. 나 또한 실제로 삼성SDS 근무 시절 국방부 프로젝트에 투입되어 당시 유행했던 게임 '커맨드앤컨커'에서 쓰인 UX 방법론을 제안해 적용되기도 했다.

게임을 이해하는 아이들은 산업의 기반이 되는 기술

을 습득한다. 나아가 인간 삶의 근간을 이해하게 될 것이다. 게임은 줄이고 피해야 하는 것이 아니라 미래의 능력으로 잘 키워야 한다.

현상과 원인 구분하기

　때로는 교육계와 의학계에서 부모와 학생들에게 게임을 핑계 삼아 '팔고' 있는 것이 아닐까 싶을 때가 있다. 게임 중독을 치료하려고 병원을 찾는 현상을 볼 때마다 이 문장을 되새겨보곤 한다. "게임에 몰입하는 것은 현상이지 원인이 아니다."

　원인을 제대로 찾아야 치료할 수 있다. 게임을 제대로 이해하지 못하는 어른들이 아이들과 제대로 소통할 리없고, 제대로 치료될 리도 만무하다. 원인 분석이 치료와 소통의 핵심이다.

고혈압으로 손목이 저리다고 손목에 파스 처방을 하는 것과 비슷하다. 현상이 표출된 곳이 손목일 뿐이다. 원인에 집중해야 한다. 손목은 고혈압의 원인이 아니다. 치료를 위한다면 원인을 제대로 바라봐야 한다.

게임 산업을 이끌어가는 입장에서 이 문제는 쉽게 간과하기 어려운 주제다.

문제의 전환, 해결의 본질

게임은 외로운 사람들의 친구가 되었고, 경쟁으로 지친 사람들의 탈출구가 되었고, 작은 성취감을 느끼게 해준 해방구이기도 했다. 많은 문제를 게임 탓으로 돌리면 마음은 편할지 모르지만 순간을 모면할 뿐 근본적인 해결이 되지는 않는다. 오히려 근본적인 원인을 가려 문제를 더욱 키울 수 있다.

사회의 단면과도 닮았다. 모든 문제를 대통령 때문이라고 손쉽게 탓할 때가 있었다. 그러나 대통령이 바뀐다고 당장 문제가 해결되지는 않는다.

조삼모사는

한정된 자원 안에서
니즈를 정확히 파악해
어떻게 재배치하는가에 관한

사업과 조직 운영의 결정타다.

잘못된 책임 전가는 문제의 본질을 흐려서 진짜 범인을 숨길 수 있다. 범인으로 모는 이가 진범일 가능성이 높다. 범인이 게임 뒤에 숨지 않도록, 많은 사회문제의 본질을 직면하고, 근본적인 해결을 함께 찾아보고자 한다. 잘못된 진단으로 치료의 골든타임을 놓치지 않도록!

변곡점 시그널

한번은 오랜만에 만난 대학 동창이 다짜고짜 "네가 게임 만들어서 우리 아들이 게임만 한다"라고 역정을 냈다. 이야기를 들어보니 본인은 게임이라고는 평생 애니팡밖에 안 해봤다고 한다.

그 모습을 보니 게임에 대한 부정적 시각은 '모르는 것에 대한 공포'에 기인하는 바가 크다는 생각이 깊어졌다. 친구와 저녁을 같이하며 게임을 막연하게 멀리하게 하면 이 시대에 가장 보편적이고 인기 있는 문화를 아이로부터 박탈하는 것이기 때문에 이해를 바탕으로 함께하며 조절하는 것이 좋겠다고 조언했더니 오히려 반성하고 돌아갔다.

과거 만화책 화형식으로 잃은 것만 많고 얻은 것 하나 없듯이 게임 산업에 대한 막연한 두려움에 입각한 화형식은 멈출 때다. 정부 차원에서도 이러한 인식이 개선되고 있어서 다행이다.

찾아가는 놀이동산, 프렌즈게임 랜드

그러니까 1992년 여름 농촌활동 때의 일이다. 당시 드물게 비운동권 참가자여서(사실은 의식화가 안 되어서) 아동부로 배치되었다. 하지만 덕분에 아이들을 통해 많은 것을 배우고 느끼게 되었다. 농촌 아이들이 서울에 오면 가장 하고 싶은 일로 꼽은 것은 공통으로 놀이동산 가기였다.

전국의 작은 마을 어린이들을 모두 서울로 초대할 수는 없지만, 이제는 게임의 기술로 놀이공원을 컴퓨터에 담아 게임버스를 통해 아이들 앞에 놀이동산을 선물할 수 있게 되었다.

카카오게임즈의 사회공헌은 이렇게 게임의 기술이 게임 소외 계층에 다가가는 콘셉트로 첫발을 내딛게 되었다.

진정한 승자의 시선

게임인재단 직원이던 박비 '모두다' 대표가 "이사장님, 면담 좀 해주세요"라며 퇴사 의사를 밝혔을 때 일이다. 퇴사 사유를 묻는 질문에 뜻밖의 대답이 돌아왔다.

"장애인을 위해 봉사하며 살고 싶습니다."

그래서 어떤 일을 할 것인지 물었고, 그렇게 시작된 프로젝트가 바로 '모두다'이다.

당시 박비 대표는 주말마다 광명시에 있는 복지재단에서 봉사활동을 했다. 사람들이 심심해하는 모습을 보고 콘솔 게임기를 들고 가서 같이 게임을 해봤더니, 매우 재미있어했다고 한다. 혼란스럽게 먼저 하려고 달려들던 이들도 줄을 서고, 플레이어들을 서로 응원하고, 박수 쳐주고, 공감하며 소통하는 모습에 감동을 느꼈다고 한다.

박비 대표의 말에 나도 감동을 받았다. 우리가 아무리 게임의 긍정적인 측면을 강조하더라도 행동으로 보여주는 행복의 가치만큼 훌륭한 일은 없다고 판단했다. 그래서 사회적 기업 '모두다'를 출범하게 되었다. 사업 모델을 검증하고, 사회적 가치와 기업으로서의 영속성을 어떻게 부여할 것인지 고민하면서 게임이 가진 새로운 가치를 전하고, 게임에 대한 새로운 접근을 할 수 있겠다고 확신했다.

시각장애인이 할 수 있는 게임, 청각장애인이 즐길 수 있는 게임, 장애 유형에 따라 단계별로 즐길 수 있는 게임 등, 연령 제한 등의 분류뿐만 아니라 긍정적이고 새로운 접근으로 게임 등급을 분류할 수 있을 것이다. 이 모델의 사업화가 정착된다면 당연히 장애인 채용으로 이어질 수 있을 것이다.

게임이 가진 긍정의 가치를 알리는 박비 대표에게 힘을 보태며, 앞으로 "모두 다" 행복하게 게임을 즐기는 세상을 만들어나가고 싶다.

모두를 위한 가치는 존재한다

IT의 발전은 세상을 조금 더 공평하게 하는 데에도 큰 역할을 해왔다. 정보의 바다라고 불리는 웹을 통해서 의학, 법학 등 전문인들을 통해서만 접하던 정보를 쉽게 접할 수 있게 되었다. 개인 홈페이지, 블로그, 소셜 미디어로 발전한 개인 미디어는 억울한 일이 있을 때 여론의 힘을 구할 수 있는 창구 역할이 되어주기도 했다.

게임도 마찬가지다. 게임 산업에 발을 디디고 한게임 서비스를 오픈할 즈음 한 유저로부터 전화를 받았다. 동생이 장애인인데 한게임을 하면서 웃는 모습을 많이 접하게 되어 감사하다는 말과 함께 손을 많이 떨어서 마우스가 아닌 키보드로도 입력을 하게 해달라는 요청이었다. 바로 반영해드렸다.

이 밖에도 CJ에 다니던 시절, 거동이 불편한 한 아이가 '대항해시대'를 하며 세계를 여행한 스토리는 대항해시대 게임 유저들에게 유명한 이야기다. 이렇듯 게임은 사회 소외 계층에 더욱더 의미 깊은 문화다. 영화 〈아바타〉의 주인공이 장애를 가진 설정도 결코 우연이 아닐 것이다. 장애가 있는 분들에게 게임은 더욱 큰 의미가 있다.

게임인재단은 모두가 좀 더 재미있게 게임 문화를 접하고 즐길 수 있도록 돕는 일에 방향을 잡고 한 발씩 내딛기 위해 만들어졌다.

해결해야 하는 태스크의 본질

첫 직장 삼성SDS를 다닐 때 일이다. 점심시간이면 과장님이 물었다.

"훈 씨, 뭐 먹을래?"

정작 내가 먹고 싶다고 한 곳에 가는 일은 매우 드물었다. 그리고 그 질문의 해석이 달라져야 한다는 것을 깨닫는 데 꽤 시간이 걸렸다.

"훈 씨, 내가 지금 뭘 먹고 싶은지 나도 잘 모르겠는데, 한번 맞춰 봐."

양방향의 이야기를 하고 싶다. 먼저 리더들은 최대한

명확하게 디렉션을 줘야 한다. "내가 짜장면을 먹고 싶은데 근처에 짜장면 맛집 좀 찾아봐" 정도로 짜장면까지는 스스로 정리한 뒤에 태스크를 전달하면 훨씬 효율적이다. 결론에 이르러서도 서로 만족할 가능성이 높다. (나도 늘 짜장면을 생각하며 다짐한다.)

리더의 미션을 받는 분들에게는 안타까운 상황이지만, 회의를 하다 보면 위와 같은 경우가 비일비재하고 불가피하다. 때로는 발제자조차도 본질에 혼란을 겪는 경우가 많다. 정리되지 않은 상태에서 회의가 소집되기도 하고, 회의가 본질을 찾는 과정이 되기도 한다.

따라서 이슈를 제시된 그대로 사전적으로만 읽지 않고 이슈 이면에 존재하는 필요의 근본, 즉 해결해야 하는 태스크의 본질에 대해 다시 질문해볼 필요가 있다.

드래프트 보고를 권함

업무를 하다가 어떤 사항에 대해서 보고를 요청하면 아무래도 대표이사이다 보니 보고에 더 부담을 갖고 오래 고민해서 보고서를 주는 일이 많다. 그런데 나의 의도와 보고 내용이 맞으면 다행이지만 사람 간의 커뮤니케이션이 항상 그렇게 딱 맞지는 않는다.

의도와 다른 결과가 나오면 보고서의 큰 틀을 고쳐야 하기도 하고, 때로는 마음에 안 들어도 그냥 넘어가기도 한다. 그래서 일단 목차 형식의 아웃라인 보고를 톡으로 먼저 하고, 서로 눈높이를 맞추는 것이 나중에 발생할 수 있는 갭을 줄이는 좋은 방법이다.

그러면 결과적으로 속도가 빨라질 뿐 아니라 보고를 요청한 입장에서도 불안감이 줄어(제대로 커뮤니케이션이 되었는지 불안하다), 업무를 요청한 뒤에 좀 더 여유를 갖게 된다. 드래프트 보고, 즉 '약식 선보고'를 일상화하기를 권한다.

주간 보고와 수시 보고

주간 회의와 주간 보고를 안 받으며 일한 지 10년이 넘은 것 같다. 많은 경우에 주간 보고는 부서장들이 보고를 취합한다. 또 상위 부서장들은 그 보고서를 다시 취합하는 보고서 역피라미드가 생긴다. 그 결과,

1. 사안별 업무 중요도가 흐려지고

2. 보고를 위한 업무의 비중이 높아져 실질적인 일에 그만큼 역량 투입을 못하고

3. 늘어놓은 보고 속에 업무의 주요 맥락을 파악해야 하는

단점이 있다. 그래서 주간 보고를 선호하지 않는다. 부서마다, 또 리더 특성마다 다르겠지만 빠르고 변화무쌍한 업의 특성상 수시 보고가 더 적절한 경우가 많다고 생각한다.

그런데 수시 보고의 난이도가 결코 쉽지는 않다. 왜냐하면 시기와 포맷에 대한 자유도가 높기 때문이다. 수시 보고는,

1. 일을 시작할 때 간단한 목차(제목) 수준의 드래프트 보고
2. 내용을 추가한 중간 보고
3. 일정이나 이슈 사항 변경 시 수정 보고

세 가지가 중요하다. 보고서를 잘 만들어서 빈틈없이 하려다가 보고만 몇 달이 걸리고 산으로 가는 보고서를 본 기억이 비일비재하다. 지나가버린 아까운 시간을 생각하면 프로젝트에 대한 신뢰가 깨진다.

보고서에 많은 정성을 쏟아 예쁜 보고서를 만드는 것은 생각보다 일에서 중요하지 않다. 서로 의사를 명확히 이해하고 있는지를 확인하는 '과정'에 집중해 빠르고 간단하게 텍스트로 충분히 교감하는 것을 권한다.

소통 방식은 언제나 중요하다

한번은 카카오 창업가의 10주년 메시지가 카톡을 통해 전달되었는데 이것이 핵심 포인트였다. 그래서 아지트 공지(카카오 사내 톡)도 아니고 외부 공유도 가능했다.

특히 당시 메시지 중에 "사람이나 시스템이 아니라 '문화'가 동력이 되어 성장하는 카카오 공동체"라는 메시지가 마음에 와닿았다. 사실 기존에 들어왔던 조직이 움직이는 체계에 대한 이론과 다른 접근이라 상당히 신선하고 놀라웠다. 과거 제조업 중심의 사고에서 파생된 조직 이론들이 대비되어 떠올랐다.

삼성그룹 신입사원 시절 자주 언급되던 사람에 대한 이야기는 "1퍼센트도 안 되는 일부 천재적인 사람들이 조직의 미래를 책임지고 이끌어나가게 된다"라는 "천재 사람" 중심의 이론이었다.

이때 어떤 이는 자신이 1퍼센트가 되기 위해 노력해야겠다는 다짐을 할 수도 있겠지만, 99퍼센트의 부정적인 이면이 존재하는 메시지였다.

중요한 사람과 중요하지 않은 사람을 명확히 나누고, 사실상 대다수인 나머지 99퍼센트를 존재감 없고 하찮은 사람 취급하는 조직 철학이었다. 문화가 이끄는 조직은 그러한 철학과 다르다.

또 조직은 시스템화되어 사람 몇몇이 이탈해도 문제없이 돌아가야 한다는 조직 이론도 떠올랐다. 이 논리 또한 그 이면에 구성원 개개인의 의미가 은연중에 상실되어 있다. 마치 찍어내기식 거대 공장 시스템 안의 부품 하나처럼 교체 가능하며, 또 교체를 전제로 한 소모품과 같은 느낌을 주게 하는 조직 철학이다.

스타 플레이어나 시스템이 아니라
문화가 조직의 동력이자
철학이 되어야 한다.

스타 플레이어 중심의 조직은
나머지를 존재감 없는
사람으로 만든다.

조직이 시스템화되어야 한다는 말은
사람이 이탈해도 문제없다는 뜻을
은연중에 내포한다.

문화가 이끄는 조직은 천재 한두 명이 만들어낼 수도 없으며, 어떠한 구성원도 소외시키지 않는 철학이다. 개개인에 기대지도 않고, 한 사람 한 사람을 문화를 형성하는 공동체의 구성원으로 인정하고 기대하는 기업 철학이 매력적이고 신선했다.

'문화'가 동력이 되어 성장하는 카카오 공동체. 이 메시지는 10년 동안 비약적으로 성장한 카카오를 설명해주고, 이후 10년의 성장 방법론을 제시해준다.

강점을 강화하기

나는 V20부터 V50까지 LG폰을 계속 이용해왔다. 매우 드문 LG폰 애용자다. LG폰을 이용한 가장 큰 이유는 액정이 잘 깨지지 않아서다. 하드웨어적으로 매우 훌륭했다. 액정이 튼튼할 뿐 아니라 V20은 떨어질 때 케이스가 분리되면서 충격을 흡수하는 기술까지 적용해 만족도가 높았다.

그러다 접히는 Z플립이 나오면서 삼성으로 갈아탔다. 자전거를 좋아하는 입장에서 접히는 휴대전화는 사이즈도 매력적이지만, 액정이 안으로 접히니 깨질 확률이 급격히 줄어들어 LG폰으로 회귀할 이유가 사라졌다. 하드웨어 강점이 있던 LG폰의 매력이 소멸되었다.

많은 의사결정의 순간이 스쳐 갔다. 강점을 강화할 것인가? 약점을 보완할 것인가? 거의 모든 사업에서 나타나는 고민의 핵심이다. 강점을 강화하는 것이 더 중요하다. 한정된 자원으로 경쟁하는 시장에서 다 잘할 수는 없는 일이다. 다른 요소는 최소한의 수준을 지키면서, 잘하는 것을 더욱 잘하게 하는 것이 중요하다. 대신 '압도적으로' 잘해야 한다.

강점을 강화할 것인가?
약점을 보완할 것인가?

다 잘할 수는 없다.
대신 잘하는 것은
'압도적으로' 잘해야 한다.

가상 연예인에 관한 고민

1. 공중파 〈놀면 뭐하니?〉나 〈슈퍼스타 K〉같이 스토리를 통해 데뷔하는 인물들이 인기를 끄는 것은 그들이 어떤 고민을 해서 어떤 아웃풋을 내게 되었는지 시청자들이 '과정'을 함께했기 때문이라고 생각한다.

웹툰에도, 비슷한 접근을 통해 보다 장기간에 걸쳐서 시도해보면 어떨까. 먼저, '아이돌 연습생 데뷔 스토리'를 웹툰으로 만들어 유저들에게 가볍게 접근한다. 유저들이 보기에는 그냥 연예인 데뷔를 준비하는 연습생들의 웹툰이다.

그런데 여기에 연습생들의 성장 배경과 삶의 과정을 함께 비추면 팬들에게 연대감을 심어주고 자연스럽게 세계관을 형성한다. 그리고 연습생들이 웹툰에서 데뷔할 때 실제 세상에서도 데뷔를 한다. 이때부터 가상과 현실이 하나가 된다.

뮤직비디오가 출시되고, 음원이 공개되며, 기획사 소속 가수가 되어 본격적으로 연예인 활동을 시작한다. 물론 웹툰이 재미있어야 하는 건 기본이다. 연습생들의 성공 스토리를 통해 각각 연예인의 세계관을 자연스럽게 형성할 수 있다.

가상 인간 IP를 만든다는 생각으로 접근해도 매우 쉽게 적용할 수 있는 방법이라는 생각이 든다. 가상 연예인의 세계관은 그들의 뮤직비디오에 실리고, 삶의 과정과 과거는 시공을 초월해 더욱 다양하게 웹툰에 녹여낼 수 있을 것이다.

2. 이미 한국의 사이버 가수 아담 시절부터, 일본의 하츠네 미쿠(크립톤 퓨처 미디어 발매)까지 가상 연예인에

대한 시도는 계속되고 있다. 가상 연예인은 실제 인간과 대비해 늙지 않고, 24시간 활동한다. 물론 여러 명이 한꺼번에 활동할 수도 있지만 사진작가가 여러 장을 인화하지 않듯 희소성은 필요하다. 아무튼 장점이 많다.

나는 이 접근과 성공 비결이 게임 업계에서 기인한 것일 수 있다고 생각한다. 우리는 이미 아바타가 너무나 자연스럽다. 야구게임처럼 실제 인물을 사이버로 가져오기도 했고, K/DA처럼 가상 인물을 데뷔시키기도 했다.

K-게임과 K-POP의 만남으로 우리는 분명 새로운 문화를 만들어낼 수 있을 것이며, 그 중심축에 대한민국 게임 산업이 있을 확률이 매우 높다.

아직은 무엇을 어떻게 시작해야 하는가에 관해 고민하는 단계에 이르고 있다. 여러 생각이 든다. 실제 연예인의 아바타를 만들어 접근하는 것이 맞을까? 팬덤을 가져갈 수는 있지만, 본캐와 부캐가 충돌할 수 있고 이해관계가 복잡해진다.

미쿠처럼 만든다면 실사형 8등신이 맞을까? 애니메이션으로 만들까? 데뷔는 어떻게 시킬까? 많은 이가 이 방향으로 접근할 텐데 누가 어떻게 문제를 풀어낼지 궁금하다.

4장

시니어 레벨

: 일과 삶이 협업할 때

라디오에서 좋은 이야기를 들었다.
"친구에게는 판사가 되려 하지 말고
변호사가 되어줘라."
물론 사안에 따라 판사가
되어줄 필요도 있겠지만,
친구들의 이야기에 과도하게
판결부터 내렸던 것 같다.

부장님 랩소디

머리카락이 빠지기 시작한 것은 복학 후 대학교 2학년 때부터다. 그때부터 조짐을 보이더니 4학년 졸업할 즈음에는 오랜만에 만나는 사람들이 나를 못 알아보기 시작했다. 한참 쳐다본 다음에야 "헉!"하는 감탄사를 육성으로 내뱉은 여자 사람 친구가 있는데 그 감탄사가 전달한 아픔은 아직도 잊히지 않는다.

당시만 해도 코미디를 보면 머리 빠진 사람을 웃음의 소재로 삼고, 결혼정보회사 조사에서도 기피하고 싶은 결혼 상대에 도박 중독자와 동급으로 대머리가 있었다.

TV에서조차 탈모인을 비웃을 때면 내면의 분노를 삭이지 못한 아픈 기억이 떠오른다.

첫 직장 입사 후 연수 시절 내 별명은 부장님이었다. 지금도 그때 사진을 보면 나도 깜짝 놀랄 정도다. 지금과 큰 차이가 없는 정도가 아니라 오히려 그때가 늙어 보인다. 그룹 연수에서 같은 차수 동기 중에 하나가, 내가 없는 사이에 나를 부장님이라고 부르지 말자고 회의 주제로 꺼내서 의결하기도 했다. 나중에 다른 동기가 이 스토리를 전해주며 "너는 머리 없어도 잘 어울려!"라고 했지만 나는 속으로 "니가 내 머리 있을 때를 알아?"라고 되뇌었다. 사실 그는 그동안의 사과와 함께 위로하는 마음이었을 텐데 말이다.

'부장님의 삶'은 그룹 연수를 마치고 삼성SDS 유니텔 사업부에 배치되면서 어이없게도 한동안 '이사님'으로 승격되었다. 당시 "신임 이사님이 오셨는데 눈을 부리부리 쳐다보고 다닌다"라고 소문이 났다(내가 좀 사람 눈을 쳐다보는 편이다). 당시 내게 예의 바르게 인사하는 선배들 때문에 곤란해서 더 고개 숙여 큰소리로 인사하면, 그 모습이 외려 내가 선배에게 인사를 잘 못한다고 나무라는 모습으로 오인하는 사태까지 생겼다. 어느 날 한 선배에게 그냥 사람을 쳐다보지 말고 다니라는 조언을 들었다.

이때부터 슬슬 이런 생각이 들었다. "어라, 이거 나쁘지 않네!"

내가 맡은 업무는 다른 회사와의 제휴 마케팅 관련 일이었는데, 상대 회사에 방문하면 항상 내 얼굴을 보고 부서장급들이 카운터파트너로 나왔다. 아무래도 고위급과 대화를 하니 일이 잘 풀렸고, 심지어 내 사수가 나 입사 후 두 달 만에 퇴사하는 바람에(버디버디 창업하심) 대리급 업무를 할 수 있는 좋은 기회를 얻었다. 당시 과장님(향후 네띠앙 사장님)을 사실상 사수로 모시는 영광을 얻기도 했다.

나의 노안은 퇴사하고 한게임을 창업하며 여러 영업과 제휴를 할 때도 적잖은 도움이 되었다. 삼성을 그만두고 나는 과감히 머리를 밀었다.

대학교 3학년 때 버릇이 있었다. 당시 사귀던 여자친구와 독서실을 다닐 때 같이 앉은 자리에서 항상 먼저 일어나려고 했다. 위에서 내려다보면 머리가 더욱 휑해 보였기 때문이다. 하지만 머리를 밀었더니 누가 위에서 내려보든 밑에서 올려보든 똑같은 모습이었다. 이때부터 서서히 나의 콤플렉스가 치유되기 시작했다.

치유 과정을 겪던 어느 날 여자친구의 어머니를 만나게 되었는데, 나를 매우 못마땅해하시며 심지어 헤어지라고 말씀하셨다는 것이다. 여자친구의 어머니는 미용실 원장님이었다. 어머니의 소원이 사위 머리 깎아주면서 손님들에게 사위 자랑하는 것이었다는 사실을 내가 어찌 알 수 있었을까. 그 뒤로 사이가 벌어지며 결국 헤어지게 되었다.

한동안 외모에 관심을 끊고 일에 집중하다 보니 노안의 모습이 고정되어 40대가 되어도 그대로 유지되었다. 50대가 된 지금은 오히려 또래보다 젊어 보인다는 소리를 자주 듣는다. 머리카락 또한 없는 것이 너무 편하고 익숙해져서 세수할 때 조금만 위로 씻으면 머리까지 감는 효과가 생긴다는 점은 안 해본 사람은 도저히 알 수 없는 장점이다.

시간이 지나 스킨헤드도 하나의 문화가 되고 이 또한 멋으로 여기는 사회적 인식과 함께 나의 콤플렉스는 완전히 사라졌다. 머리카락 나는 약이 개발된다 한들(한창 힘들 때는 누군가 이 약을 개발하면 노벨의학상이 아니라 노벨평화상을 줘야 한다고 믿었다. 탈모인들이 얼마나 힘든 시간을 보내는지 알아주셨으면 한다) 나는 그 약을 쓰지 않을 것이다.

내가 굳이 이런 글을 쓰는 이유는 탈모가 당사자들에게는 마치 장애처럼 다가오기도 하며, 절대 놀림의 대상이 되거나 웃음의 소재가 되면 안 된다는 것을 많은 분이 알아주었으면 하는 마음이다. 아울러 삼손이 머리카락을 잘리고 모든 힘을 잃은 스토리가 괜히 나온 것이 아님을 비탈모인들에게 전하고 싶다.

이 자리를 빌려, 탈모로 고생하는 여러분께 이 글이 구원의 간증이 되길 바란다.

혐오는 필요와 맞닿아 있다

1988년 서울 올림픽이 열릴 때 나는 미국령 사모아라는 남태평양의 작은 섬나라에서 고등학교를 다니고 있었다. 한국에는 서사모아로 더 잘 알려져 있다. 서사모아는 왕이 존재하는 왕국이고, 동사모아는 미국의 식민지이자 미국령 사모아라고 불린다. 동시에 이곳은 대한민국 원양어업 기지이며 아버지께서 수산청에 근무하셔서 아버지를 따라 남태평양 한가운데 영종도만 한 섬나라에서 고등학교를 다니게 된 것이다.

어느 날 학교에 가니 내 책상 주위에 앉아 있던 반 아이들이 다 자리를 옮겨 혼자 섬처럼 앉아 있게 되었다. 자기들끼리 수군거리면서 경멸하는 눈빛으로 나를 쳐다보다가 점심시간에 한 아이가 말을 놓았다.

"어제 복싱 경기 봤어?"

당시 미국 선수와의 경기에서 진 한국 선수가 판정에 불복해 링에서 내려오지 않고 버텨서 경기가 지연되는 소란이 있었다. 이 상황이 미국 전역뿐 아니라 사모아 섬까지 방영되었는데 스포츠맨십에 어긋난다고 비판받았다. 유난히 권투를 좋아하며 스스로 준미국인이라고 생각하는 사모아 아이들은(미국에서 파견 온 선생님들이 항상 "We"라고 강조함) 그 분노를 나에게 쏟았다.

그때 너무나 상처가 컸다. 게다가 한국 선수를 두둔하는 발언을 하는 바람에 왕따 여파는 더욱 길어졌다.

그럴수록, 별거 아냐 정신

인종차별을 하는 사람들 이면을 보면 대부분 스스로 차별화하는 인종 그것만이 자신의 가장 자랑스러운 부분이며, 그 외에는 아무런 존재감이 없어 보인다. 같은 인간으로 태어나 별거 내세울 것 없이 부여된 인종 그 자체가 유일한 자랑거리라니, 부끄러운 일이다.

한국에도 이런 사람들이 도처에 있다. 인종 외에도 적용된다.

폴리네시안 소울

청소년기를 남태평양에서 보냈지만, 내 안에 폴리네시안이 살고 있다는 것을 자각하게 된 것은 불과 몇 해 전이다. 돌아보니 고등학교 시절의 경험은 지금의 나를 구성하는 데 많은 영향을 주었다. 가장 큰 영향은 삶에 대한 그들의 여유다. 정말 너무나도 풍족했다.

사건 1. 사모아 시장에서는 바나나 나무를 통째로 팔았다. 10개씩 열린 바나나가 족히 20줄은 되었다. 가격은 단돈 1달러였다. 주위에 널린 게 바나나였고, 바나나를 따는 인건비 정도만 내는 개념이었다. 자연에서 주어진 것이 그렇게 풍족했다.

사건 2. 학교 가는 버스를 기다리는데 옆에 있던 사모아 아주머니가 지나가던 버스를 세웠다. 거구의 아주머니는(사모아에서는 백 킬로 이상의 몸집이 흔하다) 한참을 지나친 버스를 향해 아주 여유 있게 걸어갔다. 한국 같으면 버스가 기다리지 않고 출발해버릴 텐데 버스가 오히려 후진해서 아주머니를 태워 갔다.

사건 3. 사모안 친구에게 꿈이 뭐냐고 물었다. 참치 공장에서 일하는 게 꿈이라고 답했다. 어떻게 그런 꿈을 꿀 수 있을까 생각했다. 나에게 꿈을 물었다. 한국을 경제 대국으로 만드는 게 꿈이라고 했다. 왜 그런 걸 굳이 네가 하려고 하느냐고 물었다.

사건 4. 아침에 바람이 많이 불었다. 허리케인이 온다고 한다. 휴교령이 내리고 모든 업무가 중단되어 아버

지와 평온하게 바둑을 뒀다. 갑자기 강풍에 지붕이 날라
갔다. 하늘이 보였다. 비가 세차게 머리 위로 내리쳤다.

사건 5. 피신하러 차를 타고 한국 영사관으로 향했
다. 큰 야자나무가 무너져 길이 막혀 있었다. 반대편에서
도 차들이 못 지나가고 서 있었다. 아버지는 건너편 차에
가서 뭐라고 이야기하시더니 나를 불렀다. 차를 바꿔 타
고 갔다.

지금 보면 재미있는 일들도 많았지만, 청소년기의 나
는 매우 힘들었다. 혼자 많이 울기도 했고, 한국이 그리워
바닷가에 나가 어느 방향이 한국인지 알고 싶어했다. 그
방향이라도 쳐다보고 싶었다.

그토록 떠나고 싶었던 곳이지만 몇 해 전에 이들의
춤을 보고 문득 놀랐다. 술 마시면 가끔 나오는 내 춤이
그들의 춤과 닮아 있었고, 내 많은 사고에 그들의 모습이
영향을 미쳤다. 폴리네시안 소울이 나에게 있었다.

꿈꾸는 자만이 자유로울 수 있다

PC방 사업을 하던 회사에 다닌 적이 있다. 그곳의 사훈은 "꿈꾸는 자만이 자유로울 수 있다"였다. 사실 당시만 해도 이 말뜻이 잘 이해가 안 되었다. 마치 "진리가 너희를 자유롭게 하리라"와 같은 철학적인 언어로만 들렸다.

시간이 지나 나이가 들면서 저 말이 피부에 와닿았다. 꿈을 꾸지 않으면 안주하려 하게 되고, 그 마음은 나를 현재의 틀에 가두게 된다.

기업도 마찬가지 속성을 가진다. 손에 쥐고 있는 현실에 만족하고 그 손을 꼭 쥐고 있으면 다른 멋진 새로운 것이 눈앞에 있더라도 잡을 수 없다. 특히 '꿈'은 IT 기업의 속성과도 매우 잘 어울린다. 새로운 기술로 미래에 대한 꿈을 꾸게 되면, 다가오는 미래를 남보다 한 발짝 앞에서 준비할 수 있다.

카카오게임즈는 사실상 대한민국의 게임 산업에서 후발 주자에 속한다. 그런데 플랫폼, 퍼블리싱, 개발이라는 '풀 밸류체인'을 영위하며 해당 영역들을 꾸준히 공고하게 하며 확장하고 있다. 그리고 게임이 일상이 되고, 일상이 게임이 되는 세상을 꿈꾸고 있다.

안주하지 않고 꾸준히 도전하는 꿈들이 회사 가치에 반영되는 리포트를 볼 때마다 새삼 나의 모토를 새겨본다. 꿈으로 끝내지 않고, 꿈을 끝내지 않도록!

'꿈'은 IT 기업의 속성과도
매우 잘 어울린다.
새로운 기술로 미래에 대한
꿈을 꾸게 되면,
다가오는 미래를 한 발짝 앞에서
준비할 수 있다.

길, 여행, 그리고 유목민의 일

1. 길을 좋아한다. 길은 목적지에 도달하고자 했던 수많은 경험치의 역사적인 결론이다. 샛길은 샛길대로 좋다. 전통에 동의하지 않는 새로운 관점의 결과다. 사실은 길을 만드는 것이 가장 매력적이다. 첫 리프트에서 내린 뒤 아무도 밟지 않은 슬로프를 보는 것처럼 설렌다.

2. 대학생 때 유럽 배낭여행객들끼리 이러한 단합이 있었다. 유명 관광지마다 한국어 안내 책자가 있는지 물어보는 것. 동양어권은 중국어나 일본어 정도 있었고 한

국어는 대부분 없어서 초기에는 그냥 영어 안내서를 봤는데 누군가 이 아이디어를 주장했다. 다음에 여행할 한국인들을 위해 귀찮을 정도로 한국어 안내서 없는지 물어보고 다니자고 말이다. 그 효과인지 요즘에는 한국어 안내서가 많이 비치되어 있다. 그런 의미로, 부산 시민들에게 지스타(G-STAR, 국제게임전시회)의 의미를 알리기 위해 부산에 갈 때마다, 틈날 때마다, "지스타 때문에 왔어요"라고 말하면 좋을 것 같다.

3. 집 인테리어를 시작하면서 한동안 유목민이 된 적이 있다. 매일 밤 어디서 잘 것인지를 저녁을 먹고 나서야 결정했다. 배낭여행을 다니던 느낌으로 백팩을 메고 다녔다. 대학교 4학년 여름방학 때 떠난 배낭여행에서는 오늘 어느 국가에서 자게 될지 모르는 상태에서 하루를 시작했으니, 이 정도는 유목민이라 부르기에 부족할 수 있다. 그래도 서울시에서 여행자가 된 느낌이 그리 나쁘지 않았다.

자전거 예찬

나는 가끔 자전거로 출근한다. 여의도에서 회사까지 34킬로미터 정도 거리인데 예전에는 가볍게 가던 길인데 도 몸무게가 급격히 8킬로나 찌는 바람에 출근길이 더욱 무거웠던 적이 있다.

잠실 근처를 지나 탄천길로 접어들 무렵에 평상이 하나 있다. 여기를 지날 때마다 쉴까 말까 고민하게 된다. 고민하는 이유는 라이딩을 하던 탄력을 받아서 쭉 가고 싶은 '관성'이 마음에 남아 있어서다. 하지만 시간 여유도 있는데 굳이 서두를 필요가 없다고 스스로 설득하고 평상에 누우면 그제야 비로소 내가 그 자리에서 쉬어야 했음을 깨닫게 된다. 평상에 누워 하늘을 보며 휴식의 달콤함을 만끽하게 된다. 쉬고 나서야 내가 얼마나 지쳐 있었는지 알게 되는 것 같다.

일을 할 때도 휴식이 매우 중요하다. 의도적으로 쉬지 않으면 번아웃이 생기기 쉽고, 번아웃이 생긴 이후에 하는 휴식은 회복 기간이 길기 때문에 우리는 지치기 전에 미리 쉬어야 한다. 하지만 또 너무 많이 쉬면 근육이 풀어져 목적지까지 도달하기 어려워지기도 하니, '지쳐 쓰러지기 전에 쉬고 근육이 풀리기 전에 달려' 업무의 강약 조절을 챙기며 목표를 향해 가야 한다.

자전거를 말할 때
내가 하고 싶은 이야기

2010년경 10년을 함께한 NHN을 계획 없이 그만두고 막막한 심정으로 한국에 귀국했을 때 큰 힘이 되어준 것이 자전거. 당시에 '자전거로 행복한 사람들'이라는 동호회에서 주최한 번개에 참석했다. 아침 6시에 모여서 자전거를 타고 양평에서 점심을 먹은 다음 저녁에 복귀하는 일정이었다.

점심식사 회비가 5000원이었는데 식당에서 7000원짜리 식사가 나왔다. 운영진이 흥정해놓은 듯했다. 지방 맛집인데다 자전거를 탄 뒤라 처음 본 사람들과도 어색함을 잊은 채 맛있는 점심을 즐겼다.

돌아오는 길에는 동호회 회원이 운영하는 캠핑카 판매점에 들러 자판기 커피도 얻어 마시고 해 질 녘 여의도에 다시 돌아왔다. 모임 이름이 자전거로 행복한 사람들이니만큼 하루 일과를 마치고 번쩍이 인사를 했다.

"여러분, 오늘 행복하셨습니까?"

나도 모르게 다른 참가자들과 함께 "예~~~!"라고 크게 대답했다. 행복이라는 것은 그렇게 특별하거나 비싸지 않았다. 그 느낌이 당시 미래가 막막했던 나에게 큰 위로가 되었다.

요즘은 사색의 도구로 자전거를 타는 의미가 크지만, 여전히 자전거가 주는 행복은 유효하다. 행복은 살 수 없지만, 자전거는 살 수 있다. 그리고 자전거와 행복은 크게 다르지 않다(You can't buy happiness, but you can buy a bicycle. And that's pretty close).

대관령보다 높은 현관령

자전거를 타고 출근하는 과정을 뒤돌아보면 가장 힘든 여정은 여의도를 지나 잠실을 거쳐 마침내 성남 즈음 도달했을 때가 아니다.

침대에서 일어나 자전거 옷을 입고 현관을 나오기까지 걸리는 5분이 가장 힘든 시간이다. 자전거 타는 사람들은 이를 "현관령"이라고 한다. "차를 타고 가면 한두 시간은 집에서 쉴 수 있는데"라는 유혹에 흔들리고, 옷을 입는 순간 운명이 바뀐다는 경험은 나를 붙잡는다.

하지만 반대의 관점에서 보면 별 체력 소모조차 없는 자전거복 입는 과정만 거치면, 어느새 판교에 자전거를 타고 도착해 있다. 시작이 반이라는 말은 과하지 않다.

위기처럼 보이지만,
아닐 수도 있다

월요일 미국 출장 시차를 극복하지 못하고 새벽에 일어나 자전거에 비몽사몽 오른 적이 있다. 불어난 몸무게에 공복 유산소를 하고자 빈속에 나왔다. 여의도에서 성남에 다다를 즈음이면 속이 비어 있다는 것이 절실히 느껴지고 머리마저 비어온다.

그때쯤 반갑게 등장하는 24시간 운영 식당이 있다. 성남 끝 분당 시작 야탑에 위치한 '감미옥'이다. 성남에 진입할 때부터 곧 감미옥이 있다는 버프를 받아 마지막 피치를 더 올리는데 그때 깨달았다. 아, 비몽사몽간에 나오

느라 지갑을 두고 왔구나.

혼미한 배고픔에 결국 판교까지 갈 수밖에 없었으나 회사 출입증마저 없어서 운영팀이 문 두드리는 소리를 못 듣는다면 영락없이 땀에 찌든 저혈당 쇼크 라이더 신세가 될 각이었다.

다행스럽게 문을 두드렸을 때 소리를 들어주어 역대급 기쁜 마음으로 사무실에 입장했다. 오랜만에 흡입한 회사 라면기계 안성탕면은 감미옥 설렁탕 급이었다.

다시 공복 유산소를 하겠다며 지갑을 단단히 챙기고 나온 아침. 새로 산 휴대전화 거치대를 교체하면서 깨달았다. 거치대 주머니에 비상금 5만 원이 있었다. 심지어 신용카드도……!

그날의 배움

1. 위기 상황에 정신 차리자.

2. 위기라고 느끼지만 위기가 아닐 수도 있다.

3. 준비해도 기억하지 못하면 똥 된다.

자전거와 행복론

대학교 2학년, 처음 농활에 갔을 때 도시에서만 자라 왔던 나는 드라마에서만 보던 모꼬지 같은 낭만적인 상상을 했다. 마을의 한 폐가에 숙소를 잡고 좁은 방에 남자들 십여 명이 껴서 자며, 내용물이 꽉 차 있는 푸세식 화장실에서 힘 조절을 잘못하면 튀어 오르는 충격을 맛보면서 낭만은 TV에나 있는 것임을 깨달았다.

낮에는 농사일을 돕고, 밤에는 특별 활동이 있었다. 특별 활동 시간에 초등학생들과 함께하는 아동반에 배치되었는데, 유독 집에 돌아가기 싫어하는 한 아이가 있었다. 사정을 들어보니 아버지는 알코올 중독이고 어머니는 도망갔다고 한다. 일주일 정도 매일 함께하며 정도 들고 이런저런 대화를 하다가 세상에서 제일 갖고 싶은 게 뭐냐고 물었더니 '자전거'라고 했다. 처음에는 의외의 대답이라고 생각했는데 알고 보니 학교까지 걸어서 두 시간이나 가야 한다고 했다.

농활을 마치고 서울에 올라와서도 아이가 계속 생각에 남았다. '일일호프'를 해서 아이에게 자전거를 사주기로 하고 다음 해 자전거를 선물했다. 그 당시까지 내 눈으로 목격한 인간의 가장 행복한 모습이었다. 너무나도 뿌듯했다.

자전거는 지금 나에게도 삶의 일부가 되었다. 자전거를 타고 돌아다니다 보면 누군가 버렸을 것으로 짐작되는 녹슨 자전거들이 보인다. 그때마다 그 아이가 생각난다. 저 고철들이 누군가에게는 세상에서 가장 큰 행복이 될 수도 있을 텐데. 아직 이런 마음을 행동으로 옮기지는 못했지만, 안타까운 마음은 미처 풀지 못한 문제의 답안지처럼 나에게 어떤 부담으로 남아 있다.

You can't buy happiness,
but you can buy a bicycle.
And that's pretty close.

행복은 살 수 없지만,
자전거는 살 수 있습니다.
그리고 자전거와 행복은
크게 다르지 않습니다.

경쟁과 협력 그리고 게임화

대학교 4학년 때 아버지께서 과로사로 돌아가셨다. 아버지는 고혈압과 당뇨가 있으셨고, 나 또한 고혈압과 당뇨가 있으며, 당시의 아버지보다 훨씬 무거운 몸무게를 보유하고 있다. 아버지 수명대로라면 나는 앞으로 몇 년을 더 살게 되는 것인가 셈해봤더니 10년 남짓 남았다. 이렇게 살아서는 안 되겠다는 생각이 들었다.

갑자기 가장이 되면서, 외가의 투자로 아버지 퇴직금까지 다 잃게 된 집안 사정에 나는 꽤 스트레스를 받았다. 그때부터 몸무게가 늘기 시작했다. 사업가로서의 꿈과 삼성이라는 안정된 직장 사이에서의 갈등, 어머니의 반대와 IMF 상황이라는 환경의 압박에서 다소 무모하게 벤처 생활을 시작했다. 몸무게는 본격적으로 불어나 나의 30대를 가득 채웠고, 40대 중반까지 이어졌다.

매번 몸무게 감량에 막연한 마음만 먹어왔지 단기 목표를 세운 적이 없다는 점을 깨닫고 좀 쉬워 보이는 단기 목표를 세워봤다. 물의 끓는점이 100도이듯, 인간도 100이라는 숫자를 넘으면 다른 지경에 이르지 않을까라고 생각했다. 100은 넘지 말아야 하지 않을까, 그래, 두 자릿수로만 가자. 104킬로그램이니까 5킬로만 빼면 되네.

자전거를 열심히 타면 되지 않을까 생각하며 매일 아침 자전거로 여의도에서 판교까지 34킬로미터를 달렸다. 아침마다 타야 하니 자연스럽게 술자리에서도 과음을 하지 않게 되었다. 한 달 정도 했는데도 변화가 없었다. 힘든데 그냥 그만둘까? 퇴근도 자전거로 하기 시작했다. 겨우 2킬로밖에 빠지지 않았다. 한 달 보름이 지나도 102킬로그램, 그만둘까.

때마침 사내 총무팀에서 다이어트 경쟁 프로그램을

기획했길래 이거다 싶었다. 상금을 올리고 익명 단톡방을 만들어서 경쟁과 정보 나눔을 시작했다. 다소 부끄럽지만 페이스북에도 다이어트 계획을 공표했다. 저녁은 간단한 과일과 채소로만 먹었다. 바로 반응이 왔다. 드디어 두 자 릿수로 들어왔다.

단기 목표가 달성되니 감량에 재미가 붙었다. 그렇게 공복에 자전거 출근을 시작했다. 효과가 컸다. 또 5킬로 정도 빠졌다. 그리고 정체기가 왔다. 무엇인가 더 해야겠 다 싶어서 되도록 삼시 세끼 식사에 탄수화물을 줄였다. 또 효과가 왔다. 최초 시작 대비 12킬로를 감량했고, 사내 이벤트 시작 이후 40일간 10킬로를 감량했다.

경쟁과 협력의 힘은 컸다. 빨리 가려면 혼자 가고, 멀 리 가려면 함께 가라고 했다. 게임의 핵심 요소인 경쟁과 협력 기능이 부여된 '멀리 함께 갈 수 있는' 게임화된 다이 어트 앱을 만들고 싶다. 그리고 몸무게 관리에 대한 내 마 음이 지속되길 간절히 바란다.

하와이에서 햄버거 주문하기

내 생애 첫 실전 영어는 맥도날드에서 햄버거 주문하기였다. 아버지께 햄버거가 먹고 싶다고 하니, 아버지는 난생처음 하와이라는 외국에 도착한 내게, 먹고 싶으면 네가 직접 사 먹으라고 하셨다.

당시 한국에는 햄버거가 처음 들어왔고, 그 이후 치즈가 들어간 '변종'이 생겨났으며, 당시 사람들은 일반적인 햄버거와 구분하기 위해 '치즈햄버거'라고 불렀다. 그래서 나는 이렇게 주문했다. "Can I have a cheese hamburger?" 그러자 점원은 "Cheeseburger or hamburger?"라고 되물었다. 나는 너무 당황해서 마음으로는 '내가 오늘 한국에서 와서 영어를 잘 이해 못하는데 치즈햄버거 달라고!!!'라고 말하고 싶었는데, 입으로 나온 말은 "I am from Korea"였다.

우여곡절 끝에 '치즈햄버거'를 득템했지만 민망함의 기억은 꽤 오래갔다. 하지만 그 민망함은 내가 영어 공부를 하는 데 큰 힘이 되었고, 여전히 잊히지 않는 추억이 되어 돌아가신 아버지에 관한 단상으로 남아 있다.

일상의 고마움

나의 투병 사실은 기사로도 보도된 적이 있다. 투병 이후에 우리가 일상적으로 영위하는 것들, 걷기, 숨쉬기, 먹기, 싸기 등이 얼마나 고마운 일인지 알게 되었다. 건강 때문에 일상이 어려워졌다는 것은 큰 손실이지만, 일상이 얼마나 고마운 행복인지 깨닫게 해주었고, 이 깨달음은 인생을 새롭게 보는 계기가 되었다.

수십 년간 누적된 당뇨에서 기인한 신경병증이라 몇 달간의 노력으로 회복되기를 기대하는 것은 성급하지만, 매일 아침 침대에서 불안하게 일어나는 자신에게 속상한 마음이 드는 것은 어쩔 수 없다. 그러나 조금씩 더 아파지는 것이 아니라 조금씩 더 나아지고 있음이 얼마나 다행한 일인가.

사람들이 농담 삼아 이야기하는 반백 살의 나이에 새롭게 리부팅!

당뇨 환자의 혈당 조언

전문 의학지식에 기반한 기록이 아니라 스스로 실시간 연속 당 체크를 하며 느낀 기록이기 때문에 오류가 있을 수 있음을 미리 밝힌다.

아침방송을 보면, 당뇨를 다루는 이야기가 자주 나온다. 특히 여주나 돼지감자처럼 음식 이야기가 주로 등장하는데, 체험해본 바로는 음식으로 좋아지는 것은 없었다. 무엇을 먹을까에 집중하기보다는 안 먹는 것에 집중하는 것이 현명하다는 생각이다.

쌀밥을 먹으면 100 정도 올라가는 혈당이 현미밥을

먹으면 70 정도 올라가는 수준이라 섭취량을 조절하는 게 정신 건강에도 훨씬 유리했다. 내 경험으로 혈당을 안 올리는 방법 몇 가지를 소개한다.

1. 아침식사를 조심해야 한다. 보통 아침 당을 크게 신경 안 쓰는데, 공복 상태이기 때문에 더욱 조심해야 한다. 의외로 아침에 당이 많이 오른다.

2. 먹는 순서가 중요하다. 당이 안 오르는 채소를 먹거나, 저당 저칼로리 단백질 음료를 마신 뒤에 식사하는 것을 추천한다.

3. 걸어라! 효과가 바로 온다. 5분만 걸어도 반응이 온다. 하지만 걸음을 멈추면 다시 혈당이 조금 오르니 충분히 걸어야 한다.

당뇨는 어려운 병이지만 잘 걷기만 해도 되는 병이다. 평생을 관리해야 하는 병이라 음식으로 스트레스를 받기보다는 쉽게 걸을 수 있는 환경이 중요하다고 생각한다. 설탕과 시럽이 가득한 프렌치토스트를 아침 공복에

먹지 않는 한 걷기를 통해 식후 당수치를 180 이하로 유지하는 것은 어렵지 않았다.

신경병증은 조금씩 좋아지는 것 같다. 한때 엄지손톱이 빠질 것 같은 통증이 있어서 손톱에 테이프를 감고 자기도 했는데, 왼손을 시작으로 증상이 크게 완화되었다.

자전거도 탄다. 다시는 자전거를 못 탈지도 모른다는 두려움이 있었는데, 일단 평페달로 라이딩을 시작했다. 안장 위 눈높이에서 바라보는 세상은 아름다웠고, 라이딩은 역시 행복했다.

요즘은 밤새 챗GPT에게 내 병에 관해 궁금한 것을 이것저것 물어보기도 한다. 제법 잘 대답해주었고, 나름 도움도 되었다. 아침마다 혹시나 하는 마음으로 침대에서 일어나지만, 여전히 힘없이 휘청거릴 때도 있어서 조심스럽게 실망하며 걸어나간다.

하지만 아주 조금씩 좋아지는 것을 느끼고 희망을 가진다. 그리고 이렇게 아프지 않았다면 당뇨에 대한 경각심을 절대 깨닫지 못했을 것이라고 스스로 위안한다. 오늘도 파이팅!

경쟁과 협력의 힘은 크다.
게임의 핵심 요소가
바로 경쟁과 협력이다.
빨리 가려면 혼자 가고,
멀리 가려면 함께 가라고 했다.

경쟁과 협력 기능이 부여된
'멀리 함께 갈 수 있는'
게임화한 건강 앱을 만들고 싶다.

365일 나를 위한 시간

365일 중에 대략 꼽아보면 온전히 나를 위해 200일, 가족을 위해 100일, 일터를 위해 50일, 민족과 국가를 위해 10일, 방글이 씽글이를 포함한 동물을 위해 4일, 지구를 생각하며 하루 정도 쓰는 비중으로 살아온 것 같다.

이 모든 것이 결론적으로는 365일 나를 위한 것이며 나라는 인간을 행복하게 하는 것들의 비중으로 대략 위와 같이 구분할 수 있는 것 같다. 한편 어떤 이들은 지구를 위해 300일을 쓰기도 하고, 어떤 이는 동물을 위해 300일을 쓰기도 하며, 어떤 이는 민족과 국가를 위해 그러기도 하며, 또 어떤 이는 자신의 일터를 위해 모든 날을 쓰기도 한다. 와중에 어떤 이들은 온전히 자기만을 위해 모든 시간을 다 쏟으며 산다.

하지만 가족이 아프거나, 국가가 아프거나, 지구가 아프거나 할 때 그 비중이 달라지는 것이 자명한 일이라고 생각한다. 나라가 많이 아파 보일 때, 기껏해야 마음 씀이 365일 중 10일에서 20일 정도로 변하는 수준이고, 아직도 온전한 '나'의 비중이 대부분이지만 변해야 한다고 생각한다. 많은 이가 그러했으면 좋겠다.

소통의 방향

최근에는 자전거를 탈 때 음악보다 팟캐스트를 많이 듣는다. 하루는 〈차이나는 클라스〉를 듣다가 많은 정신의 고통이 대화로 해결된다는 이야기가 언급되었다.

문득 택시기사와 손님 간의 대화에 관한 생각이 떠올랐다. 과거 아르바이트로 택시 운전을 할 때를 돌이켜보면, 손님들이 오히려 세상 비밀을 나에게 다 털어놓고 갔다. 왜 저런 소리를 나한테 할까 싶은 이야기를 한참 털어놓고는 시원한 배설이라도 한 듯 인사하고 내리는 분들이 많았다.

요즘은 시대가 변하고 소셜 네트워크 서비스로 세상이 좁아져서 그런지 택시기사에게 비밀을 털어놓거나 마음을 기대는 일은 없는 것 같다. 오히려 말하기 싫은데 택시기사가 말을 건다거나 하는 불만의 이야기도 많다.

이런 생각도 들었다. 택시기사들도 수십 년간 손님들에게 받아온 정신적 스트레스의 한도가 차서 넘쳐 나오는 과정은 아닐까?

짬짜면 패러독스

전 국민의 사랑을 받는 짜장면도 이러한 비판을 듣게 된다.

"다 좋은데, 해장이 안 돼!"

원래 짜장면은 국물이 없으니 당연한 일이지만 전날 과음을 했다면 생리적으로 떠오르게 될 것이다. 그래서 탄생한 것이 짬짜면이다. 그리하여 문제가 해결되었는가?

짜장면을 먹을까 짬뽕을 먹을까를 고민하던 시대에서, 짜장면을 먹을까 짬뽕을 먹을까 아니면 짬짜면을 먹을까의 시대로 왔을 뿐이다. 고민만 추가되었다.

짜장면은 원래 국물이 없는 게 매력이다. 없는 것을 탓하기보다는 우리가 왜 짜장면을 사랑하게 되었는지 되돌아보는 것이 중요하다. 짬짜면은 최고의 짜장면이 될 수 없다.

페이스북과 인스타그램

페이스북은 내게 일기장 같은 곳이었다. 이 책에 쓴 많은 글도 페이스북에서 왔다. 그러다 세상 유행이 그림일기로 바뀌었다.

"온 가족이 동물원에 갔다. 기린을 보았다."

"오늘은 생일이라 친구들과 모여 파티를 했다."

"엄마가 떡볶이를 해주셨다. 참 맛있었다."

인스타그램은 뭔가 아쉬웠다. 하지만 나조차도 이제는 그림일기를 주로 쓰게 되었다. 서로 생각을 나누는 것에 지쳤을까? 상대에게 생각을 강요하는 것에 지쳤을까?

혹은 생각을 밝힌 뒤에 상처가 생긴 걸까?

일기장 검사하는 선생님 입장에서도 "참 잘했어요"라고 도장만 찍어주면 되는 그림일기가 편하기도 했겠다.

모든 기록은 흐른다

오랫동안 써온 글들을 하나의 맥락으로 연결하다 보니 뜻밖에 지도가 그려지고, 사회인으로서 남궁훈이라는 페르소나가 탄생하는 듯하다. 뿌듯하면서도 날것의 '나'를 보여주는 것 같아 부끄럽기도 하지만 기록에는 생명력이 있다. '나'를 벗어나 스스로 지표가 되기도 한다.

앞으로도 사내 게시판과 소셜 네트워크 서비스를 통해 글을 써나갈 것이다. 그렇기에 이 에필로그는 마침표가 아니라, 50대를 시작하는 내 인생의 중요한 변곡점에서 쉼표를 찍고 정리한 느낌이 든다.

"꿈으로 끝내지 않고, 꿈을 끝내지 않고"라는 말처럼 글로 끝내지 않고, 앞으로도 글을 끝내지 않고자 한다.

2023년 7월

남궁훈